Nation-Building in Serbien und Kroatien

Eine Studie zur Reichweite allgemeiner Theorien des Nationalismus

Burkhard Altevolmer

NATION-BUILDING IN SERBIEN UND KROATIEN

Eine Studie zur Reichweite allgemeiner Theorien des Nationalismus

ibidem-Verlag
Stuttgart

Bibliografische Information Der Deutschen Bibliothek

Die Deutsche Bibliothek verzeichnet diese Publikation in der Deutschen Nationalbibliografie; detaillierte bibliografische Daten sind im Internet über <http://dnb.ddb.de> abrufbar.

∞

Gedruckt auf alterungsbeständigem, säurefreien Papier
Printed on acid-free paper

ISBN: 3-89821-366-8

© *ibidem*-Verlag
Stuttgart 2004
Alle Rechte vorbehalten

Das Werk einschließlich aller seiner Teile ist urheberrechtlich geschützt. Jede Verwertung außerhalb der engen Grenzen des Urheberrechtsgesetzes ist ohne Zustimmung des Verlages unzulässig und strafbar. Dies gilt insbesondere für Vervielfältigungen, Übersetzungen, Mikroverfilmungen und elektronische Speicherformen sowie die Einspeicherung und Verarbeitung in elektronischen Systemen.

Printed in Germany

Inhaltsverzeichnis

1 EINLEITUNG 7

2 NATIONALISMUS 11

2.1 Nationalismus und Moderne 13
 2.1.1 Nation und Nationalismus 13
 2.1.2 Modernisierung 15
 2.1.3 Nationalismus als Krise 19

2.2 Strukturelemente 21
 2.2.1 Objektiver und subjektiver Nationalismus 21
 2.2.2 Staatsbildung – Nationsbildung 22
 2.2.3 Verlaufsphasen 23
 2.2.4 Nationalismus und Partizipation 24
 2.2.5 Nationalismus und Religion 27

3 NATIONALISMUS BEI SERBEN UND KROATEN 31

3.1 Vorgeschichte 33
 3.1.1 Serbien und Kroatien im Mittelalter 33
 3.1.2 Modernisierungsbedingungen 34

3.2 Nation-Building 38
 3.2.1 Serbischer Nationalismus im 19. Jahrhundert 38
  3.2.1.1 Staatsgründung und Konsolidierung der Macht 38
  3.2.1.2 Nationalismus 41
  3.2.1.3 Der Nationalstaat Serbien 47
 3.2.2 Kroatischer Nationalismus im 19. Jahrhundert 55
  3.2.2.1 Der Illyrismus 56
  3.2.2.2 Von der Revolution bis zum Ausgleich: Kroatismus und Jugoslawismus 59
  3.2.2.3 Politisierung und Partizipation: Die Festigung nationaler Identitäten 69

4 IM SPIEGEL DER THEORIE 75

4.1 Serbischer Nationalismus 76
 4.1.1 Modernisierungskrisen 78
 4.1.2 Verlauf 81
 4.1.3 Staat und Nation 83
 4.1.4 Partizipation 84
 4.1.5 Objektiv-Subjektiv 85
 4.1.6 Religion 88

4.2 Kroatischer Nationalismus 90
 4.2.1 Modernisierungskrisen 92

4.2.2	Staat und Nation	93
4.2.3	Verlauf	95
4.2.4	Partizipation	98
4.2.5	Objektiv-Subjektiv	100
4.2.6	Religion	101

5　FAZIT　105

6　LITERATURVERZEICHNIS　109

1 Einleitung

Der Verwaltungsakt, der am 4. Februar 2003 Jugoslawien in die Föderation „Serbien und Montenegro" umbenannte, setzte auch formal den endgültigen Schlussstrich unter das gescheiterte „Experiment" Jugoslawien.[1] Das Ende war allerdings schon gekommen, als sich Slowenien und Kroatien 1991 aus dem jugoslawischen Staatsverband lösten und in der Folge ein blutiger Bürgerkrieg um Territorien in Bosnien-Herzegowina entsprang. Die Unversöhnlichkeit und Grausamkeit dieses Krieges irritierte außenstehende Beobachter so sehr, dass man zur Erklärung vielerorts auf altbekannte und mitunter rassistische Balkanstereotype zurückgriff. Kurzerhand wurde den Bewohnern des südöstlichen Europas eine Teilnahme am westlichen Zivilisations- und Entwicklungsprozess abgesprochen. Stattdessen verortete man sie in einer alten, archaisch-patriarchalen und eben kriegerischen Welt. Konflikte, so das Stereotyp, werden dort eben so und nicht anders gelöst.[2]

Differenziertere Deutungen analysierten die politisch-ökonomische Situation in der Zeit vor dem Bürgerkrieg und verwiesen zu Recht auf die sich dramatisch verschlechternden wirtschaftlichen Bedingungen seit Beginn der 80er Jahre und die gesellschaftlichen Implikationen des Transformationsprozesses, der alle sozialistischen Staaten Europas seit Mitte des Jahrzehnts ergriffen hatte.[3] Für ein umfassendes Verständnis der Konflikte wurde auf die be-

---

[1] Holm SUNDHAUSSEN, Experiment Jugoslawien, Von der Staatsgründung bis zum Staatszerfall, Mannheim 1993.

[2] Solche Deutungen des jugoslawischen Desintegrationsprozesses fanden sich vor allem in der Berichterstattung von Fernsehen und Tageszeitungen. Balkanstereotype werden aber auch in der wissenschaftlichen Literatur gepflegt, so z. B. Michael W. WEITHMANN, Der Balkan zwischen Ost und West, in: Michael W. WEITHMANN (Hrsg.), Der ruhelose Balkan, Berlin 1993, S. 7-43. Spezifische Mentalitäten der Bewohner des südöstlichen Europas sollen hier keineswegs geleugnet werden und ihre Feststellung kann durchaus Erklärungskraft besitzen, vgl. Hans-Michael MIEDLIG, Patriarchalische Mentalität als Hindernis für die staatliche und gesellschaftliche Modernisierung in Serbien im 19. Jahrhundert, in: Südostforschungen 50 (1991), S. 163-190. Die Beschäftigung damit birgt aber die Gefahr historisch geformte Mentalitäten zu naturalisieren und damit falsche Kausalzusammenhänge herzustellen. Maria TODOVORA, Die Erfindung des Balkan, Darmstadt 1999, liefert eine kritische Auseinandersetzung mit den Balkanstereotypen aus dekonstruktivistischer Perspektive.

[3] Holm SUNDHAUSSEN, Ethnonationalismus in Aktion: Bemerkungen zum Ende Jugoslawiens, in: Geschichte und Gesellschaft 20 (1994), S. 402-423; Marie Janine CALIC, Die

sondere Geschichte Jugoslawiens hingewiesen, eines Staates, der seit seiner Gründung 1918 als „Königreich der Serben, Kroaten und Slowenen" ständig von ethnischen Konflikten erschüttert wurde und nie das Gepräge eines Nationalstaates angenommen hatte. Die nationalistischen Konflikte der 1990er Jahre sind zwar ursächlich auf die zeitnahen politisch-ökonomischen Strukturbedingungen zurückzuführen, die schließlich auch zu fördernden Bedingungen des Nationalismus wurden; die Ausprägungen des Nationalismus aber, seine Symbole, Argumentationsmuster und Frontlinien waren – mutatis mutandis – dieselben, die den Nationalismus seit Beginn des ersten, bis 1941 bestehenden jugoslawischen Staates kennzeichneten und die grundlegend im 19. Jahrhundert, jedenfalls bei Serben und Kroaten, entstanden sind.

Für ein Verständnis der jugoslawischen Tragödie ist das Wissen um die Geschichte Jugoslawiens als Geschichte der jugoslawischen Nationalismen und der Kontinuität dieser Nationalismen erforderlich. Im Mittelpunkt einer solchen Perspektive steht das Verhältnis zwischen den beiden größten Bevölkerungsgruppen, den Serben und den Kroaten, deren Nationsbildungen im 19. Jahrhundert begannen und vor Gründung Jugoslawiens fast vollständig abgeschlossen waren.

In der vorliegenden Studie sollen die Nationsbildungen von Serben und Kroaten herausgearbeitet und die Besonderheiten ihrer Nationalismen während dieses Prozesses untersucht werden. Der Untersuchungszeitraum reicht vom frühen 19. Jahrhundert bis kurz vor den Ersten Weltkrieg. Das gewählte Ende erklärt sich aus der Zäsur, die der Krieg und die folgende Staatsgründung 1918 darstellten. Die Nationsbildungsprozesse waren zu diesem Zeitpunkt zwar noch nicht vollständig abgeschlossen, doch veränderten sich mit dem staatlichen Zusammenschluss auch die politischen und ökonomischen Rahmenbedingungen des serbischen und kroatischen Nationalismus. Die Einbeziehung dieser Elemente würde den Umfang dieser Untersuchung sprengen.

Logik des Zerfalls: Staatliche und nationale Umgestaltung im postjugoslawischen Raum, in: Albrecht ZUNKER (Hrsg.), Weltordnung oder Chaos, Baden-Baden 1993, S. 193-207; Dies., Der serbisch-kroatische Konflikt in Kroatien, in: WEITHMANN, Balkan, S. 108-148; Stefan PLAGGENBORG, Die Entstehung des Nationalismus im kommunistischen Jugoslawien, in: Südostforschungen 56 (1997), S. 399-421.

Eine angemessene Schilderung und Deutung der Nationalismusgeschichte verlangt nach einer Theorie des Nationalismus. Dem Desiderat einer einheitlichen Nationalismustheorie[4] steht jedoch eine Vielzahl von Interpretationen unterschiedlicher wissenschaftlicher Disziplinen gegenüber. Der Mannigfaltigkeit des Theorieangebots soll Rechnung getragen werden, indem einleitend ein Ensemble von Theorien des Nationalismus vorgestellt wird (2.). Dieses Kapitel erhebt keinen Anspruch auf Vollständigkeit im Sinne eines repräsentativen Querschnitts der Nationalismusforschung. Es ist eine Auswahl. Angeführt werden Theorien der Nationalismusforschung und von ihr aufgeworfene Problematiken, die nach Meinung des Verfassers die geschichtswissenschaftliche Diskussion der vergangenen Jahrzehnte nachhaltig geprägt haben. Es werden diejenigen Nationalismustheorien herangezogen, die sich dem Gegenstand typologisch und historisch-genetisch nähern. Im Vordergrund stehen modernisierungstheoretische Ansätze, die Nationalismus als Bestandteil des allgemeinen Transformationsprozesses europäischer Gesellschaften seit dem Ende des 18. Jahrhunderts deuten.

Im Anschluss an das Theoriekapitel folgt die Schilderung der serbischen und kroatischen Nationsbildung im Verlauf des 19. und frühen 20. Jahrhunderts (3.). Der Vollständigkeit halber müssten auch die Einflüsse anderer Nationsbildungen des südöstlichen Europas in die Darstellung miteinbezogen werden. Dies gilt insbesondere für die mazedonische, bosnische, ungarische, türkische und österreichische Nationsbildung. Aus Platzgründen kann auf diese Prozesse jedoch nur am Rande eingegangen werden. Die Grundlage des überwiegend deskriptiv gehaltenen zweiten Hauptteils bildet deutsch- und englischsprachige Sekundärliteratur. Da der Verfasser im slawischen Sprachraum nicht hinreichend bewandert ist, konnte auf die zahlreichen Arbeiten von jugoslawischen Autoren wie auch auf serbisches und kroatisches Quellenmaterial nicht bzw. nur indirekt zurückgegriffen werden. In der diese Untersuchung abschließenden Analyse (4.) werden die einleitend vorgestellten allgemeinen Theorien des Nationalismus kritisch auf den Verlauf der serbischen und kroatischen Nationalismusgeschichte angewandt. Es soll geklärt werden, welche der vorgestellten Theorien und Theorieelemente für

---

[4] Vgl. den forschungsgeschichtlichen Überblick bei Hans MOMMSEN, Arbeiterbewegung und nationale Frage, Göttingen 1979, S. 18.

ein Verständnis der Besonderheiten des serbischen und kroatischen Nationalismus am besten geeignet sind. Wo treffen die Verallgemeinerungen der theoretischen Entwürfe im konkreten Fall zu? Reichen sie aus, um die beschriebenen Phänomene zu erklären und zu verstehen? Es soll dabei weder der Versuch gemacht werden, eine einheitliche Theorie des Nationalismus zu schreiben, noch soll die Anwendbarkeit einzelner Theorien generell in Frage gestellt werden. Vielmehr wird geprüft, welche Erklärungskraft die vorgestellten Theorieelemente speziell für die Nationalismusgeschichte Serbiens und Kroatiens haben.

Im Zusammenhang mit dem oben erwähnten Verzicht auf empirisches Material ergibt sich für die hier angewandte Methode ein erkenntnistheoretisches Problem. Bedenkt man, dass die Autoren der Sekundärliteratur in ihren Urteilen und ihrer Themenauswahl von den Theorien beeinflusst und geleitet wurden, die im Einleitungskapitel vorgestellt werden, könnte die im Schlusskapitel durchgeführte Analyse den Charakter eines Zirkelschlusses annehmen. Dieser Gefahr soll durch eine kritische Haltung gegenüber der Aussagekraft der Sekundärliteratur begegnet werden. Vor diesem Hintergrund wird die hier vorgenommenen Analyse eine Hinterfragung und eine Diskussion der theoretischen Modelle sein. Auf diese Weise trägt sie dazu bei spezifische Problematiken aufzuzeigen und zu verdeutlichen, die der Nationalismusforschung im Allgemeinen und die der serbischen und kroatischen Geschichte im Besonderen.

2 Nationalismus

Die Vielschichtigkeit des Phänomens Nationalismus hat eine Reihe unterschiedlicher Theorien hervorgebracht. Beschäftigen sich die einen mit den wechselnden Funktionen des Nationalismus, legen andere das Gewicht auf eine Differenzierung nach bestimmten Typen. Im Gegensatz zu diesen Kernthemen der älteren Nationalismusforschung, hat die neuere Forschung den Fokus auf die Genese des Nationalismus gerichtet und dabei die Historizität und den Konstruktionscharakter von Nationen betont.[5] Sie untersucht ihren Gegenstand vor dem Hintergrund eines allgemeinen Modernisierungsprozesses, dessen Verlauf erst die Bedingungen für das Entstehen von Nationalismus und Nationen schuf.[6] Der modernisierungstheoretische Ansatz besitzt den Vorteil, die unterschiedlichen Ausprägungen des Nationalismus zu erklären, indem er auf die länderspezifischen Entwicklungsbedingungen hinweist. Die ältere Nationalismusforschung steht diesem Ansatz insoweit nicht entgegen, wie sie auf die durchaus wiederzuerkennenden Muster und Typen verweist, die der Nationalismus in den unter Modernisierungsdruck stehenden Ländern angenommen hat. Hier soll der grundlegenden These der neueren Forschung gefolgt werden, demzufolge der Nationalismus und mit ihm die Nation Produkte der Moderne gewesen sind. Die Ergebnisse der älteren Forschung verlieren jedoch unter dieser Perspektive nicht an Wert. Vielmehr werden die von ihr herausgearbeiteten Strukturmerkmale des Nationalismus vor dem Hintergrund eines allgemeinen Modernisierungsprozesses in ihrem Entstehen nachvollziehbar.

In diesem Kapitel soll eine Auswahl wichtiger Theorieentwürfe der älteren wie auch der neueren geschichtswissenschaftlichen Forschung vorgestellt werden. Die Auswahl ist selbstverständlich subjektiv. Sie beschränkt

---

[5] Hans-Ulrich Wehler wirft der älteren Forschung Essentialismus vor, da sie die Existenz der Nationen nicht hinterfragt, sondern stillschweigend voraussetzt, vgl. Hans-Ulrich WEHLER, Umbruch und Kontinuität, Essays zum 20. Jahrhundert, München 2000, S. 48f. Dieser Essentialismus hatte dann auch die positive bzw. negative Bewertung einzelner Typen zur Folge und konnte apologetische Form annehmen.

[6] Zum Streit, inwieweit Nationalismus ein spezifisch neues Phänomen der Moderne ist oder nur die modernisierte Form eines schon in der Frühen Neuzeit vorhandenen vormodernen Nationalismus vgl. Dieter LANGEWIESCHE, Nation, Nationalismus, Nationalstaat in Deutschland und Europa, Bremen 2000, S. 14-34.

sich im Wesentlichen auf Modelle der westeuropäischen und angloamerikanischen Forschung und lässt Theorien außer Acht, deren Erwähnung möglicherweise von dem einen oder der anderen für unverzichtbar gehalten werden. In diesem Zusammenhang sind vor allem alltags- und kulturgeschichtliche Annäherungen an das Thema Nationalismus zu nennen. Solche Ansätze versuchen die ideologische Wirkungsmacht, Sprengkraft und Anziehungskraft des Nationalismus mit der „Kultur" des Nationalen zu erklären. Sie untersuchen den Nationalismus hinsichtlich seiner konkreten Vergegenständlichung und Veralltäglichung und fragen nach nationalistischen Festen, nach Vereinen, die sie organisieren, nach der Ikonographie des Nationalen in Symbolen, Denkmälern, Bildern, wie auch nach den sozialen Vermittlergruppen.[7] Dieser Blick erfordert empirische Detailstudien. Er offenbart die Traditionsfähigkeit des Nationalismus und seine Eigenschaft mit anderen Loyalitätsbeständen zu amalgamieren und kann so die Dynamik des Nationalismus und den Einfluss nationaler Ideen und Identitäten auf gesellschaftliche Prozesse verstehen helfen. Dieser Ansatz wird im folgenden Theoriekapitel und in der abschließenden Analyse nicht weiter ausgeführt. Die verwendete Sekundärliteratur zur serbischen und kroatischen Geschichte ist schwerpunktmäßig politik- und ideologiegeschichtlich ausgelegt und behandelt kulturgeschichtliche Aspekte des Nationalismus nur marginal und zufällig. Deshalb nimmt die Schilderung der kroatischen und serbischen Nationalismusgeschichte im 3. Kapitel auch kaum Bezug auf diesen zweifellos wichtigen theoretischen Aspekt.

Der Auswahl von Nationalismustheorien (2.2) vorangestellt ist die Einordnung des Phänomens Nationalismus in einen allgemeinen Modernisierungsprozess und die Herausstellung seiner Entwicklungsbedingungen (2.1). Sämtliche hier vorgestellten theoretischen Annäherungen bilden den Interpretationsrahmen für die im 3. Kapitel vorgenommene Betrachtung der historischen Genese des serbischen und kroatischen Nationalismus.

---

[7] Auf die Notwendigkeit und das Desiderat einer Kulturgeschichte des Nationalismus verweisen Michael JEISMANN, Alter und neuer Nationalismus, in: Michael JEISMANN, Henning RITTER (Hrsg.), Grenzfälle, Leipzig 1993, S. 9-26, hier S. 13; Heinz-Gerhard HAUPT, Charlotte TACKE, Die Kultur des Nationalen, in: Wolfgang HARDTWIG, Hans-Ulrich WEHLER, (Hrsg.), Kulturgeschichte heute, Göttingen 1996, S. 255-283. Haupt und Tacke machen zusätzlich auf den engen Zusammenhang von Kultur- und Sozialgeschichte aufmerksam, der vor allem bei der Beschäftigung mit den Träger- und Vermittlergruppen des Nationalismus auftritt.

2.1 Nationalismus und Moderne

2.1.1 Nation und Nationalismus

Der Begriff Nationalismus bezeichnet eine Integrationsideologie, die einer bestimmten sozialen Großgruppe, der Nation, einen besonderen, exklusiven Wert beimisst.[8] Er bezeichnet außerdem die von dieser Ideologie getragene Bewegung. Nationalismus beansprucht für die eigene Nation die Höherwertigkeit vor allen anderen Solidaritäts- und Loyalitätsbeziehungen. Unter Umständen stellt die Nation sogar einen Letztwert dar, der selbst religiöse Werte überbieten und an ihre Stelle treten kann.[9] Da im Zentrum einer nationalistischen Bewegung der Schutz und Erhalt der Nation und ihres Territoriums steht, strebt sie an, der Nation eine politische Ordnung zu geben: die nationalstaatliche Selbstverwaltung. Nationalistische Bewegungen sind politische Bewegungen, die sich stets in Opposition zu einer Herrschaft befinden, die aus ihrer Sicht nicht oder nicht ausreichend die Interessen der eigenen Nation wahrnimmt. Im neuzeitlichen Europa gewann die Nation eine solche Integrations- und Mobilisierungskraft, dass Nationalismus zu einer Massenbewegung wurde. Politische Herrschaft konnte die Wünsche einer nationalistischen Bewegung nur noch zum Preis ernsthafter innerer Krisen ignorieren. Umgekehrt konnte eine Regierung weite Unterstützung finden, handelte sie im Namen der Nation bzw. der Mehrheitsnation. Nationalismus stellte die Herrschaft auf eine neue Legitimationsgrundlage: *„Nationalismus soll heißen: das Ideensystem, die Doktrin, das Weltbild, das der Schaffung, Mobilisierung und Integration eines größeren Solidarverbandes (Nation genannt), vor allem aber der Legitimation neuzeitlicher politischer Herrschaft dient. Daher wird der Nationalstaat mit einer möglichst homogenen Nation zum Kardinalproblem des Nationalismus."*[10]

---

[8] Nationalismus ist eine spezifische Integrationsideologie, *„die immer eine ‚Nation' in irgendeinem Sinne im Auge hat, nicht etwa eine* nur *am Sozialen oder Religiösen orientierte Gruppe"*, Theodor SCHIEDER, zit. n. Peter ALTER, Nationalismus, Frankfurt a. M. 1985, S. 14. Der Bezug auf die Nation ist von besonderer Bedeutung. Die Nation stellt den zentralen Bezugspunkt des Ideensystems Nationalismus dar. Zur Problematik des Begriffs siehe unten S. 9.

[9] Zum Verhältnis zwischen Nationalismus und Religion vgl. unten, Kap. 2.2.5.

[10] Hans Ulrich WEHLER, Nationalismus, Geschichte – Formen – Folgen, München 2001, S. 13.

Während der Begriff des Nationalismus eindeutig ist, verhält es sich mit dem Begriff der Nation wesentlich schwieriger. Das hängt vor allem damit zusammen, dass die Nation zunächst nur eine Vorstellung ist, die erst in der Gedankenwelt der Nationalisten Form annimmt. Die Nation ist eine „vorgestellte Gemeinschaft",[11] die je nach Nationalismus die unterschiedlichste Gestalt besitzen kann. Das bedeutet, dass die Fragen, wer und welches Territorium zur Nation gehört, äußerst unterschiedlich beantwortet werden können – nicht nur von den Angehörigen unterschiedlicher Nationen, auch und vor allem von den Angehörigen derselben Nation. Das, was die Nation sein soll, ist abhängig davon, wen und wann man jemanden danach fragt. Die Nation ist ein hochgradig ideologischer Begriff. Ihr „chamäleonartiger" Charakter lässt den Nationalismus zu einer opportunistischen Ideologie werden, die von den unterschiedlichsten politischen Interessen nutzbar gemacht werden kann. In diesem Sinne besitzt die Nation nur eine diskursive Existenz. Sie existiert deswegen, weil an sie geglaubt wird.[12]

Daneben hat sie aber noch eine reale, „materielle" Grundlage, ohne die eine solche Konstruktion niemals auf breite Resonanz stoßen würde: *„Nation soll heißen: jene zuerst gedachte Ordnung, die unter Rückgriff auf die Traditionen eines ethnischen Herrschaftsverbandes entwickelt und allmählich durch den Nationalismus und seine Anhänger als souveräne Handlungseinheit ge-*

---

[11] Zum Begriff der „imagined communities" vgl. Benedict ANDERSON, Die Erfindung der Nation, Frankfurt a. M. 1993. Auf den Konstruktcharakter von Nationen hinzuweisen ist das Verdienst der neueren Nationalismusforschung. Neben Anderson zählen dazu vor allem Ernest GELLNER, Nationalismus und Moderne, Berlin 1991 und Eric J. HOBSBAWM, Nationen und Nationalismus. Mythos und Realität seit 1780, Frankfurt a. M. 1991. Die Kritik an ihrem konstruktivistischen Ansatz richtet sich in erster Linie gegen die Vernachlässigung der auffallenden Kontinuitätslinien, die der Nationalismus hinsichtlich älterer Gemeinschaftsformen aufweist.

[12] Slavoj Zizek attestiert der Nation deswegen einen „tautologischen Charakter" und eine „semantische Leere": *„Das nationale* Ding *existiert so lange, wie die Angehörigen des Gemeinwesens daran glauben, es ist buchstäblich ein Effekt dieses Glaubens an es. (...) Diese paradoxe Existenz einer Entität, die nur ist, insofern die Subjekte (...) an ihre Existenz glauben, ist die Seinsweise, die ideologischen* Ursachen *(Causes) eigen ist: Die ‚normale' Ordnung der Kausalität ist hier verkehrt, denn es ist die Ursache selbst, die durch ihre Wirkungen produziert wird (...)."* Slavoj ZIZEK, Genieße Deine Nation wie Dich selbst! Der Andere und das Böse - vom Begehren des ethnischen "Dings", in: Joseph VOGL (Hrsg.), Gemeinschaften. Positionen zu einer Philosophie des Politischen, Frankfurt a. M. 1994, S. 136.

schaffen wird."[13] Die Nation setzt sich zusammen aus vertrauten Elemente bestehender Solidargemeinschaften, wie Familie, Clan oder Ethnie. Dazu gehören vor allem soziale Praktiken, Geschichtsbilder und kulturelle Gewohnheiten. Der Nationalismus baut auf diese Traditionsbestände ethnischer Herrschaftsverbände auf und kombiniert sie neu. Manche verstärkt er, andere werden abgeschwächt oder verschwinden ganz. Wieder andere Traditionen erschafft er völlig neu.[14] Mittels einer diskursiven Praxis entsteht schließlich die neue Gemeinschaft der Nation, die sich selbst als uralt darstellt. Die Nation gewinnt an Attraktivität und Realität je mehr die alten Gemeinschaftsformen im Verlauf des Modernisierungsprozesses verblassen.

2.1.2 Modernisierung

Die Modernisierung der europäischen Gesellschaften war ein langfristiger, Jahrhunderte übergreifender, ökonomischer und politischer Prozess mit einschneidenden Folgen für die Organisation und soziale Ordnung von Gesellschaft und die sie prägenden Ideensysteme.[15] Als Haupttriebkraft der Moder-

---

[13] WEHLER, Nationalismus, S. 13. *„Nationen entstehen um politisch-staatliche Herrschaftskerne."*, LANGEWIESCHE, Nation, S. 25.

[14] Vgl. Eric J. HOBSBAWM, Das Erfinden von Traditionen, in: Christoph CONRAD, Martina KESSEL (Hrsg.), Kultur & Geschichte, Neue Einblicke in eine alte Beziehung, Stuttgart 1998, S. 97-118. Diesen Zusammenhang von Konstruktion und Kontinuität hat 1882 schon Ernest Renan erkannt, darauf weist Christian GEULEN, Die Metamorphose der Identität, in: Aleida ASSMANN, Heidrun FRIESE (Hrsg.), Identitäten, Frankfurt a. M. 1998, S. 346-373, hier S. 357 hin: *„Dieser Wille [der Wille zur Nation, B.A.] entwirft nach Renan die Nation nicht aus dem Nichts heraus, sondern im Rekurs auf die vorgängige Partikularität einer schon existenten Gruppe, eines Kollektivs mit einem „gemeinsamen Erinnerungserbe", mit „gesundem Geist und warmem Herzen". Die Nation liegt also nicht wirklich jenseits konkreter Differenzen und Identitäten, sondern sie amalgamiert diese zu einer übergeordneten Partikularität, die dann nicht mehr auf ein einziges konkretes Merkmal reduzierbar ist. Was der „Wille zur Nation" im Renanschen Sinne tatsächlich meint, ist nicht die „Erfindung" einer neuen Partikularität, sondern ein Zusammenschluss, eine Bündelung bestehender, heterogener und multipler Identitäten. Dabei werden diese nicht aufgelöst, sondern transzendiert und homogenisiert, was der resultierenden Ordnung „Nation" die Sprunghaftigkeit und Flexibilität eines „Willens" verleiht."*

[15] Moderne und Modernisierung sind voneinander zu unterscheiden. Während die Moderne im Rahmen der geschichtswissenschaftlichen Periodisierung eine Epoche darstellt, die im 18. Jahrhundert die Frühe Neuzeit ablöst, soll Modernisierung in Anschluss an Max Weber als ein spezifisch europäisch-abendländischer, epochenübergreifender Entwicklungsweg verstanden werden. Er impliziert weder eine Höherwertig-

nisierung soll mit Max Weber die ökonomische und politische Rationalisierung verstanden werden. Im ökonomischen Bereich ermöglicht sie die kapitalistische Produktions- und Denkweise. Hier äußert sich die Modernisierung vor allem in der ständig zunehmenden Arbeitsteilung und Spezialisierung von Berufen sowie in der durch die technischen Erfindungen ermöglichten Industrialisierung. Im Bereich der Politik führt die Rationalisierung zum bürokratischen Anstaltsstaat mit dem Monopol legitimer physischer Gewaltsamkeit. Die politisch-staatliche Modernisierung ist gekennzeichnet durch die Bündelung von Herrenrechten in der Hand von Landesfürsten während der Frühen Neuzeit. Dieser herrschaftliche Konzentrationsprozess verändert die politische Landkarte Europas erheblich und schafft große, zusammenhängende Territorien, die Vorläufer der späteren Nationalstaaten. Damit einher geht die Effektivitätssteigerung von Herrschaft, vornehmlich als Rationalisierung und Bürokratisierung von Recht und Verwaltung – Maßnahmen, ohne die ein Bestehen in der europäischen Mächtekonkurrenz nicht möglich gewesen wäre.

Mit fortschreitender Modernisierung verliert die feudal-aristokratische Ordnung zunehmend an Integrationskraft. Ebenso wird auch die Glaubwürdigkeit der religiösen Weltsicht durch den Siegeszug der Naturwissenschaften kontinuierlich unterhöhlt. Der ökonomische Aufstieg des Bürgertums und sein Wille zur politischen Partizipation lassen die statische Ständegesellschaft schließlich zusammenbrechen. Die bürgerliche Emanzipationsbewegung konnte sich dabei der Unterstützung eines Großteils der Bevölkerung sicher sein. Dies ermöglichte der im Mittelpunkt der Herrschaftskritik stehende universalistische Gleichheitsgedanke, aber vor allem die frühneuzeitliche „Kommunikationsrevolution", die Voraussetzung dafür, dass überhaupt eine Öffentlichkeit mobilisiert werden konnte.[16]

Die Ablösung der Feudalgesellschaft durch die bürgerliche Gesellschaft verlief in der Regel als schleichender Prozess, der jedoch häufig durch revolutionäre Aktionen ermöglicht oder befördert wurde. Revolutionen waren allerdings auch Ausdruck der generellen Verwerfungen des Modernisierungs-

---

keit der europäischen Kultur gegenüber anderen Kulturen, noch ein teleologisches Fortschrittsdenken, das die Vergangenheit verachtet und die Zukunft verklärt.

[16] *„Erst die Explosion schriftlicher Texte in der zweiten Hälfte des 15. Jahrhunderts schuf die sozialgeschichtlichen Voraussetzungen für nationale Kommunikationsräume"*, LANGEWIESCHE, Nation, S. 28.

prozesses. Die Geschwindigkeit des Wandels rief Unzufriedenheit, Verunsicherung und Orientierungslosigkeit hervor. Zu den Folgen der Industrialisierung zählte auch und vor allem die Verelendung und Perspektivlosigkeit breiter Bevölkerungsschichten. Die Mobilitätsanforderungen der kapitalistischen Ökonomie führten zur Erosion und zum Bedeutungsverlust vertrauter Gemeinschaften, wie z. B. der Zünfte, der Dorf- oder Stadtteilgemeinschaft. Ließ die ökonomische Modernisierung Vertrauen und Identität stiftende Produktionsgemeinschaften zerfallen,[17] konfrontierte die politische Modernisierung die Menschen mit der Auflösung oder Neuorganisation der vertrauten herrschaftlichen Einheiten, wie der Grund- oder Stadtherrschaft. Je weiter der Modernisierungsprozess voranschritt, desto mehr verloren die traditionalen Gemeinschaften an Bedeutung und Integrationskraft. Das Resultat waren massenhafte Identitätsdefizite und die Suche nach neuen Netzwerken des Vertrauens und gegenseitiger Unterstützung.

Indem der Nationalismus die Nation „erfindet", bietet er ein äußerst attraktives Identifikationsangebot, dass in Zeiten schnellen und unübersichtlichen gesellschaftlichen Wandels Stabilität, Dauerhaftigkeit und Sicherheit verspricht.[18] Die Vorbedingung für die Verbreitung des Nationalismus, seiner Ideen, Mythen und Symbole, war die hohe Kommunikationsdichte während des 19. Jahrhunderts.[19] Sie trug – ebenso wie die wachsende Mobilität im Verlauf der Industrialisierung – nicht nur zur massenhaften Resonanz des Nationalismus bei; sie ermöglichte erst, dass Gemeinschaftlichkeit und Solidarität zwischen Menschen erkenn- und denkbar wurde, die weit voneinander entfernt lebten: das Entstehen eines Nationalbewusstseins. Die erkannten Gemeinsamkeiten waren hauptsächlich die Folge der Bemühungen des Staates, sich mittels Steuer-, Wehr- und Schulpflicht die Ressourcen der Bevölke-

---

[17] Georg Elwert sieht darüber hinaus auch in der weiten Verbreitung der Geldwirtschaft eine Ursache von Identitätsdefiziten. Die Geldwirtschaft trugt dazu bei, dass ehemals durch Moral stabilisierte und Vertrauen stiftende Gemeinschaften zu einer Quelle von Unsicherheit wurden, dass Bereiche wie Liebe, Freundschaft oder Recht käuflich erschienen, Georg. ELWERT, Fassaden, Gerüchte, Gewalt, in: Merkur 45 (1991), S. 318-322, hier S. 324.

[18] „Die Defizite an Verankerung, Sicherheit und Identität machen alle die Ideologien attraktiv, die eine nur im Imaginären fassbare und damit nie angreifbare Identität beschwören und sie zugleich mit allen Merkmalen von Größe auszeichnen.", ebd., S. 325.

[19] Auf den Zusammenhang von Nationalismus und Kommunikation weist als erster K. W. DEUTSCH, Der Nationalismus und seine Alternativen, München 1972, hin.

rung nutzbar zu machen. Die herrschaftliche Durchdringung der Gesellschaft hatte im Vergleich zu vormodernen Gesellschaften eine erhebliche sprachlich-kulturelle Vereinheitlichung der Bevölkerung zur Folge. Sie wurde umso intensiver, je stabiler und dauerhafter die politische Herrschaft war.[20]

Das erste Auftreten des Nationalismus in Europa ist nur vor dem Hintergrund dieser strukturellen Bedingungen zu verstehen. Das bedeutet allerdings nicht, dass alle Länder, in denen sich Nationalismus seitdem gezeigt hat, die oben geschilderte idealtypische Entwicklung durchgemacht haben müssen. Ist Nationalismus erst einmal in einem Land aufgetreten, kann sich im Nachbarland eine nationalistische Bewegung bilden, ohne dass sämtliche strukturelle Bedingungen gegeben sein müssen, die auch im Ursprungsland vorgelegen haben. Für das Auftauchen von Nationalismus ist es zwar wichtig, dass ein Land nicht völlig unberührt von politischer und ökonomischer Modernisierung geblieben ist; wichtiger aber noch ist, dass grenzüberschreitende Kommunikationskanäle und -räume existieren, mittels derer die Ideen der Nation und des Nationalismus verbreitet werden können. Nationalismus entsteht also nicht nur als Ergebnis eines systemimmanenten Modernisierungsprozesses, sondern er ist – vielleicht sogar in den meisten Fällen – die systemimmanente und systemspezifische Verarbeitung einer von außen herangetragenen Idee. Nationalismus als ein solches „Transfergut" benötigt Übermittler, z. B. erobernde Soldaten, reisende Schriftsteller, Händler und Kaufleute, die in mündlicher oder schriftlicher Form die Nationsidee vom Ursprungsland in die Zielländer „exportieren".[21] Die dortige Rezeption lässt einen länderspezifischen Nationalismus entstehen, der eigene Mythen, Helden und Traditionen hervorbringt. Nicht zuletzt ist es auch die Exklusivität und Feindseligkeit des wahrgenommenen nachbarschaftlichen Nationalismus, der in dem Zielland eine nationalistische Reaktion provoziert, die nicht weniger exklusiv und feindselig ist. Sie begründet erst den eigenen Nationalismus.

---

[20] Zur kulturellen Vereinheitlichung im Verlauf des Modernisierungsprozesses vgl. vor allem Ernest GELLNER, Nationalismus, der auch nachdrücklich auf die vereinheitlichende Wirkung der ökonomischen Modernisierung hinweist.

[21] Zum Konzept des Kulturtransfers als geschichtswissenschaftliche Methode vgl. Michael WERNER, Michel ESPAGNE, Deutsch-Französischer Kulturtransfer im 18. und 19. Jahrhundert: Zu einem neuen interdisziplinären Forschungsprogramm des CNRS, in: Francia 13 (1985), S. 502-510.

2.1.3 Nationalismus als Krise

Als Resultat des Modernisierungsprozesses hatte der Nationalismus ökonomische, politische wie auch kulturelle Ursachen. Seine entscheidenden modernisierenden Wirkungen – das Partizipationsbegehren, der Drang nach einer nationalstaatlichen Ordnung und Grenzziehung – machen sich dagegen vorwiegend in der politischen Sphäre bemerkbar. Zur Veranschaulichung dieses Sachverhalts soll näher auf den Entwurf einer allgemeinen Modernisierungstheorie des „Committee on Comparative Politics" eingegangen werden. Das Modell dieser Forschergruppe betrachtet Modernisierung unter dem Gesichtspunkt der Entwicklung funktionsorientierter politischer Systeme. Der Bestand eines politischen Systems wird demnach entscheidend durch die Art und Weise bestimmt, wie es auf Krisen reagiert, die Integrität und Stabilität des Systems beeinträchtigen. Der unterschiedliche Verlauf der Modernisierung in den europäischen Staaten kann auf diese Weise durch die jeweiligen „Antworten" erklärt werden, mit denen das politische System auf die „Herausforderung" der Krise reagiert hat. Die Konflikthaftigkeit der politischen Entwicklung und das Ausmaß des Modernisierungsdrucks hängt von der Intensität und einer möglichen Häufung der Krisen ab.[22]

Innerhalb des „Challenge-and-Response"-Modells können Nationalismus und die Konstruktion von Nationen als typische Krisenerscheinungen aufgefasst werden. Sie nehmen dort jeweils gesonderte Rollen ein: Die Erschaffung der Nation ist die „Antwort" auf eine Identitätskrise, die aus der Erosion traditionaler Gemeinschaften und dem Bedeutungsverlust religiöser wie weltanschaulicher Orientierungen entstand. Der Nationalismus als Massenbewegung kann dabei gleichzeitig als existenzielle „Herausforderung" wirken, wenn er die Legitimität der bestehenden politischen Herrschaft radikal infrage stellt. Die Errichtung eines Nationalstaats ist die adäquate Antwort auf

---

[22] Entgegen einer Vorstellung, die Modernisierung als einen evolutionären Fortschrittsprozess versteht, der sich in einem frühen oder späten Entwicklungsstadium befindet, verzichtet dieses Modell auf einem engen normativen Rahmen und verweist auf die Entscheidungsmöglichkeiten, den Spielraum der historischen Akteure, Hans-Ulrich WEHLER, Modernisierungstheorie und Geschichte, Göttingen 1975, S. 35.

die durch den Nationalismus hervorgerufene Legitimitätskrise des politischen Systems.[23]

In diesen Zusammenhang gehört auch das enge Verhältnis von Nationalismus und Krieg.[24] Die Tatsache, dass Nationalstaaten fast immer in Verbindung mit Krieg und Kampf entstanden sind, kann erklärt werden durch den immensen Legitimitätsverlust einer politischen Herrschaft, die den Forderungen des Nationalismus nicht nachgeben will. In diesem Fall muss der Nationalismus sein Ziel mit gewalttätigen Mitteln durchsetzen – das gebietet die kompromisslose Konzeption der Nation als Höchst- und Letztwert, dem alle anderen Werte, auch das eigene Leben, unterzuordnen sind.[25]

Krieg ist aber nicht nur Ausdruck von Nationalismus. Er ist gleichzeitig eine ihn fördernde Bedingung, indem er die Bildung und Festigung nationaler Identität beschleunigen kann. Im Krieg gewinnt die imaginierte Gemeinschaft ein „reales Element von Kameradschaft im Beistand der Kämpfenden".[26] Die Gemeinschaft und die Gemeinsamkeit werden erkennbarer. Das Feindbild verdeutlicht die Eigenwahrnehmung der Gemeinschaft. Schließlich kann Krieg auch als „Kommunikationsverdichter" wirken und damit zu einer strukturellen Vorraussetzung für Nationsbildung werden.[27]

---

[23] Das Modell kennt darüber hinaus noch die Partizipations-, Distributions-, Integrations- und die Penetrationskrise. Nationalismus kann als Ideologie oder Bewegung auch an diesen Krisen teilhaben, sie mit verursachen oder aus ihnen hervorgehen.
[24] Hierauf verweist nachdrücklich LANGEWIESCHE, Nation, S. 54.
[25] Vgl. WEHLER, Umbruch, S. 68f.
[26] ELWERT, Fassaden, S. 327. Auf die bedeutende Rolle des Krieges für die Entstehung nationaler Identität weist auch Max Weber hin: *„Gemeinsame politische Schicksale, d.h. in erster Linie gemeinsame politische Kämpfe auf Leben und Tod, knüpfen Erinnerungsgemeinschaften, welche oft stärker wirken als Bande der Kultur-, Sprach- oder Abstammungsgemeinschaft. Sie sind es, welche (...) dem `Nationalitätsbewußtsein´ erst die letzte entscheidende Note geben."*, Max WEBER, Wirtschaft und Gesellschaft, 5. Aufl., Tübingen 1976, S. 515.
[27] LANGEWIESCHE, Nation, S. 29. Langewiesche führt als Beispiel die „Türkengefahr" des 15. Jahrhunderts an, die eine gesteigerte auch nichtschriftliche Kommunikation in den bedrohten Gebieten zur Folge hatte. Einen modernen Nationalismus kann Langewiesche hier zwar nicht erkennen, weist aber auf die Schaffung von Kommunikationsräumen als die späteren nationalen Territorien hin. Hierzu allgemein vgl. K. W. DEUTSCH, Nationalism and Social Communication, Cambridge 1966.

2.2 Strukturelemente

2.2.1 Objektiver und subjektiver Nationalismus

Die wohl populärste Typologie des Nationalismus geht auf Hans Kohn zurück.[28] Er unterschied einen subjektiven von einem objektiven Nationalsmus. Der subjektive Nationalismus überlässt dem Individuum die Entscheidung darüber, ob es zur Nation gehört oder nicht. Es ist das Bekenntnis zu der politischen Ordnung der Nation, das über Integration oder Desintegration entscheidet. Der politisch-subjektive oder voluntaristische Nationalismus setzt einen schon existierenden Staat voraus. Die üblicherweise für diesen Typ herangezogenen Beispiele sind Frankreich, England und die USA.

Demgegenüber steht der objektive Nationalismus. Er setzt voraus, dass alle Menschen von ihrer Geburt bis zu ihrem Tod einer ganz bestimmten Nation zugehören. Die Nationen zu wechseln, wie es der subjektive Nationalismus erlaubt, ist nicht möglich. Erkennbar ist die Zugehörigkeit an scheinbar unveränderlichen Merkmalen wie z. B. Abstammung, Hautfarbe, Sprache oder Religion. In diesem Verständnis wird die Nationszugehörigkeit zu einer individuellen Eigenschaft. Im Gegensatz zum politisch-subjektiven Nationalismus zeichnet sich der kulturell-objektive oder deterministische Nationalismus durch seine hohe Exklusivität aus. In der Nationalismusforschung ist der subjektive Nationalismus Westeuropa zugeordnet worden, während der objektive Typus im Osten und Südosten Europas aufgetreten sein soll. Darüber hinaus fand auch eine Bewertung statt: Wegen seiner aggressiven Exklusivität und seines konflikthaften Verlaufs ist der objektive Nationalismus überwiegend negativ beurteilt worden. Die starre Zuordnung in guten und schlechten, östlichen und westlichen Nationalismus ist mittlerweile einer differenzierteren Betrachtung gewichen.[29] Zum einen konnte man auch objektive Nationalismen im westlichen Raum erkennen und umgekehrt,[30] zum anderen las-

---

[28] Hans KOHN, Die Idee des Nationalismus, Frankfurt a. M. 1962, S. 309-314. Friedrich Meinecke ist der eigentliche „Erfinder" dieser Unterscheidung. Er prägte das ältere Begriffspaar Kulturnation – Staatsnation.

[29] "*Die typologische Differenz zwischen der westlichen Staats- und der östlichen Kulturnation verweist eher auf eine einflussreiche historiographische Konstruktion der Wirklichkeit, als dass sie sich als Erklärung der Wirklichkeit bewährt hätte.*", HAUPT, TACKE, Die Kultur des Nationalen, S. 263; vgl. auch ALTER, Nationalismus, S. 22.

[30] Vgl. Heinrich August WINKLER, Nationalismus, Königstein 1985, S. 8.

sen sich in jedem Nationalismus Elemente des subjektiven wie des objektiven Typus erkennen.[31] Die Gewichtung hängt erheblich mit der Gleich- bzw. Ungleichzeitigkeit von Staats- und Nationsbildung zusammen.

2.2.2 Staatsbildung – Nationsbildung

Die Nationalismusforschung unterscheidet drei Typen des Nationalismus hinsichtlich seines staatsbildenden Ziels:[32] 1) Der sezessionistische Nationalismus, der das nationale Territorium von einem bestehenden Staat abspalten möchte und politische Selbstbestimmung fordert, 2) der unifizierende Nationalismus, der getrennte nationale Gebiete zu einem einzigen Nationalstaat zusammenführen möchte und 3) der integrierende Nationalismus, der keine Staatsbildung mehr nötig hat, weil das nationale mit dem staatlichen Territorium schon übereinstimmt.[33] In den ersten beiden Fällen werden Nationen in Staaten, im letzten Fall wird ein bestehender Staat in eine Nation umgewandelt, immer jedoch steht der Nationalstaat am Ende des Prozesses.

Der integrierende Nationalismus ist der seltenste Fall.[34] Er liegt dann vor, wenn innerhalb eines bestehenden Herrschaftsverbandes eine weitgehende ethnisch-kulturelle Homogenität besteht und die ethnisch-kulturellen Grenzen die staatlichen nicht überschreiten. Er verläuft entsprechend harmonisch, weil er nicht um fremdstaatliches Territorium kämpfen muss und das oberste Ziel, der eigene Staat, schon erreicht ist. Wenn, wie in Frankreich oder den USA, die Staatsbildung gleichzeitig mit der Nationsbildung verläuft – dazu noch in einem revolutionären Prozess –, ist die Identifikation mit der politischen Ordnung deckungsgleich mit der nationalen Identifikation. Diese

---

[31] Vgl. ALTER, Nationalismus, S. 20; Winkler, Nationalismus, S. 8, verweist auf A. Kemiläinen, demnach „die Geburt der Nation aus dem Plebiszit meist ein Konstrukt war".

[32] Diese Typologie stammt von Theodor SCHIEDER, ausführlich in ders., Nationalismus und Nationalstaat. Studien zum nationalen Problem im modernen Europa, Göttingen 1992.

[33] Der integrierende Nationalismus ist auch als das „französische" Modell des Nationalismus bekannt. Im revolutionären Frankreich hat sich dieser Nationalismus zum ersten Mal und in seiner deutlichsten Form gezeigt. Auf den französischen subjektiv-politischen Nationalismus dieser Zeit spielt auch Ernest Renans bekanntes Diktum von der Nation als „tägliches Plebiszit" an, vgl. die deutsche Übersetzung von Renans Vortrag am 11. März 1882 in JEISMANN, RITTER, Grenzfälle, S. 290-311, hier S. 309.

[34] Länder, in denen die Staatsbildung der Nationsbildung voranging oder in denen beide Prozesse gleichzeitig stattfanden, sind z. B. die USA, Großbritannien, Frankreich, Schweden, Niederlande.

Umstände ermöglichen das Entstehen eines politisch-subjektiven Nationalismus. Wenn es sich dagegen um einen sezessionistischen Nationalismus handelt, der bei weitem häufigste Fall, kann keine Identifikation mit der bestehenden staatlichen Ordnung stattfinden, zumindest nicht zu Beginn der Nationsbildung.[35] Entweder sind die Angehörigen der eigenen Nation auf verschiedene Territorien mit unterschiedlichen politischen Ordnungen verteilt, oder die eigene Nation wird beherrscht von Vertretern einer Mehrheitsnation. In diesen Fällen übersteigt die Attraktivität der kulturellen Identifikationsmuster die Anziehungskraft der unter Umständen vorhandenen politischen.[36] Dasselbe gilt für den unifizierenden Nationalismus.

2.2.3 Verlaufsphasen

Miroslav Hroch entdeckt im sezessionistischen und unifizierenden Nationalismus das Bestreben einer „non dominant ethnic group", eine in ihrem Sinne vollwertige Nation zu bilden.[37] Zu diesem Zweck beginnt diese Gruppe oppositionelle Aktivitäten einer „Nationalen Bewegung", hinsichtlich deren innerer Struktur Hroch drei typische Verlaufsphasen festgestellt hat. In der ersten Phase wird der Nationalismus von einer kleinen Gruppe Intellektueller getragen, die gesellschaftlich isoliert ist und nur geringe Beachtung findet. Diese frühen Nationalisten widmen sich durch literarische Aktivität den kulturellen Gebräuchen, der Geschichte und Sprache der „non dominant ethnic group". Sie sind die Vorkämpfer ihrer Nation, im nationalistischen Rückblick die „Erwecker". Die zweite Phase ist durch eine zunehmende Agitation gekenn-

---

[35] Das schließt jedoch nicht aus, dass ein Nationalismus, der den Nationalstaat nur als Zielprojektion kannte, eine politische Ordnung welcher Art auch immer ablehnte und sich nur auf die kulturellen Kategorien berief. Als Oppositionsideologie tendierte er im 19. Jahrhundert fast immer zur Demokratie.

[36] Der Determinismus des objektiv-kulturellen Typus findet sich auch in den Ländern, die sich zunächst durch einen integrierenden Nationalismus auszeichnen. In der Anfangsphase ihrer Nationsbildung tritt er jedoch nur sehr verhalten auf, wird mit der weiteren Konsolidierung des Staatswesens und der zunehmenden Konkurrenz der Nationalstaaten intensiver und verdrängt die subjektiven Elemente des Nationalismus fast vollständig.

[37] Miroslav HROCH, Nationales Bewusstsein zwischen Nationalismustheorie und der Realität der nationalen Bewegungen, in: Eva SCHMIDT-HARTMANN, Formen des nationalen Bewußtseins im Lichte zeitgenössischer Nationalismustheorien, München 1994, S. 39-52. Zu Hrochs Phasenmodell, vgl. ders., Die Vorkämpfer der nationalen Bewegung bei den kleinen Völkern Europas, Prag 1968.

zeichnet, in der um Unterstützung für die Bewegung geworben wird, und in der das Bild der Nation immer deutlicher Gestalt annimmt. Zu diesem Zeitpunkt werden auch schon verhalten politische Ziele geäußert. Die Nationalisten dieser Phase rekrutieren ihre Anhänger vornehmlich aus dem städtischem Bürgertum. Mit wachsendem Erfolg wird der Nationalismus in der dritten Phase schließlich zu einer Massenbewegung, deren Anhänger aus allen sozialen Schichten stammen.[38] Die nationale Bewegung entwirft Programme zur Durchsetzung ihrer politischen Ziele, die in der Regel auch Forderungen nach demokratischer Umgestaltung beinhalten.

2.2.4 Nationalismus und Partizipation

Eine weitere oft verwendete Typologie unterscheidet einen liberalen oder demokratischen von einem integralen oder undemokratischen Nationalismus.[39] Der liberale Nationalismus geht dabei dem integralen zeitlich voraus. Auch bei dieser Unterscheidung finden sich Elemente des einen Typs im jeweils anderen wieder.[40]

Die bekanntesten Beispiele für den demokratischen Typ sind der deutsche und italienische Vereinigungsnationalismus. Charakteristisch ist seine antifeudale und internationalistische Stoßrichtung.[41] Der Hauptfeind dieses

---

[38] Der Nationalismus fand dort die schnellste Verbreitung, wo der Grad an Kommunikation und Alphabetisierung am größten war. Dazu gehört das lese- und schreibkundige städtische Bürgertum, vor allem in den Handels- und Dienstleistungszentren. Das industrielle Bürgertum beteiligte sich erst in der dritten Phase intensiver an der nationalen Bewegung. In den ländlichen Gebieten fand der Nationalismus auch in der dritten Phase erst sehr spät Verbreitung.

[39] Gemäß dieser Dichotomie spricht Dieter Langewiesche von zwei Polen, zwischen denen sich der europäische Nationalismus entwickelt hat: Partizipation und Aggression, Dieter LANGEWIESCHE, Nationalismus im 19. und 20. Jahrhundert: Zwischen Partizipation und Aggression, Bonn 1994.

[40] *„Man wird mit Zwischentönen arbeiten müssen, um die Beimischungen von Aggressivität in der emanzipatorischen Frühphase des europäischen Nationalismus erkennen zu können, und ebenso die Partizipationswünsche selbst noch in dem blutigen Nationalismus, den uns das Fernsehen täglich aus dem ehemaligen Jugoslawien vor Augen führt.",* ebd.", S. 10f. Die aggressiven Elemente z. B. des deutschen emanzipatorischen Nationalismus in der Epoche des Vormärz treten deutlich in der Rheinkrise von 1840 zu Tage. Zu „nationaldemokratischen" und „nationalantagonistischen" Kräften während der Revolution von 1848/49 vgl. Wolfram SIEMANN, Die deutsche Revolution von 1848/49, Frankfurt a. M. 1985, S. 146f.

[41] Die Verbindung von emanzipatorischen und nationalistischen Zielen konnte in der zweiten Hälfte des 20. Jahrhunderts in den Ländern der so genannten „Dritten Welt"

Nationalismus waren nicht andere Nationen, sondern die europäische Ordnung der „Heiligen Allianz", die das „Selbstbestimmungsrecht der Völker" missachtete. Der Internationalismus äußerte sich in Solidaritätsbekundungen und Unterstützungen für die unterdrückten Völker, insbesondere in den „Völkergefängnissen" des russischen, habsburgischen und osmanischen Reiches. Er konnte internationalistisch sein, weil die eigene Nationalstaatlichkeit nicht durch andere Nationen verwehrt wurde, sondern durch staatliche Herrschaft. Der nationale Feind war die eigene Regierung, deren Repräsentanten nicht zur Nation gehörten.[42] Die aristokratischen und monarchischer Herrschaften Europas, die kein Interesse an der Veränderung ihrer Territorien hin zu Nationalstaaten hatten, waren nicht nur antinational, sie waren auch antidemokratisch. Deswegen konnte der Nationalismus demokratisch sein. Die Demokratiebewegung, die für mehr bürgerliche Freiheiten und Beteiligung an der politischen Macht kämpfte, ging hier ein „Bündnis" mit der nationalen Bewegung ein. In beiden Fällen waren die Gegner die konservativen Eliten, die für die Restauration und den Erhalt des Status quo standen.

Im Europa des 19. Jahrhunderts blieb der Nationalismus so lange eine „linke" Ideologie, wie der Konservativismus nationalistischen Zielen ablehnend gegenüber stand. Als jedoch die revolutionäre Dynamik von 1848/49 ausklang und die demokratischen Bewegungen an Einfluss verloren, wandelte sich der Nationalismus zu einer „rechten" Ideologie. Dies gelang, weil die feudal-aristokratische Elite ihre antinationale Haltung aufgab und zum Teil selber – wie z. B. in Deutschland 1871 – zum Schöpfer von Nationalstaaten wurde. Seit der Nationalisierung des Konservativismus hielt das „Bündnis"

---

beobachtet werden. Der Kampf gegen Kolonialismus und Imperialismus war (und ist) in der Regel nicht nur ein Kampf gegen Ausbeutung und Unterdrückung sondern auch ein Kampf gegen die Fremdherrschaft durch eine andere Nation, oft auch gegen die „imperialistische" Kultur. Hier findet sich auch der für diesen Typ charakteristische Internationalismus.

[42] Paradigmatisch für dieses Denken ist die Proklamation der französischen Revolutionäre 1789, die den Dritten Stand zur Nation erklärten und damit die Angehörigen der „fremden" aristokratischen Kultur ausschlossen. Dies ist wiederum ein Element des politischen Nationalismus, der die Nationszugehörigkeit an die politisch zu erstrebende oder aktuelle politische Ordnung knüpft. Dieses subjektive Element findet sich auch viel später, wenn auch weniger explizit, z. B. im deutschen Nationalismus der Kaiserzeit, als die Anhänger der Sozialdemokratie als „vaterlandslose Gesellen" und als Bedrohung der Nation denunziert wurden.

des Nationalismus mit der Demokratie nicht mehr. In der Zeit des Imperialismus am Ende des 19. Jahrhunderts, als das Nationalstaatsprinzip die Ordnung des Wiener Kongresses weit unterhöhlt hatte, war die Nation nicht länger durch die eigene Herrschaft bedroht. Die Bedrohung ging nun vielmehr – vermeintlich oder tatsächlich – von anderen Nationen bzw. deren Herrschaften aus. Diese Phase des integralen Nationalismus war durch wachsende internationale Feindschaft, Expansionismus und den Drang nach innerer Homogenisierung gekennzeichnet.[43]

Nationalismus und Demokratie konnten also, als ein gemeinsamer Gegner vorhanden war, beinahe widerspruchslos nebeneinander bestehen. Mit dem Erreichen des vorrangigen Ziels, der Errichtung eines Nationalstaats, machte sich jedoch die „opportunistische" Eigenschaft des Nationalismus bemerkbar: Ob Demokratie, Monarchie oder Diktatur – der Nationalismus ist grundsätzlich mit jeder Herrschaftsform vereinbar, vorrausgesetzt sie handelt im Interesse der Nation. Der Nationalismus strebt nicht eine besondere Gesellschaftsform an, dennoch akzeptiert er keine Ordnung, die die Interessen der Mehrheit – der Nation –, nicht wahrnimmt.[44] Diese Eigenschaft verbindet ihn enger mit der Demokratie als mit anderen Herrschaftsformen. Es ist der grundsätzliche Gedanke von politischer Mitbestimmung und allgemeiner Gleichheit. Da Gleichheit und Mitbestimmung jedoch nur für die Mitglieder der Nation gelten, sind die Parallelen zur Demokratie nur sehr partiell. Der egali-

---

[43] Der Wechsel von einem liberalen zu einem integralen Typ wird auch als ein Funktionswandel bezeichnet. Während im Vormärz und in der Revolutionszeit der Nationalismus für die Demokratie „funktionalisiert" wurde, benutzten ihn in der Zeit des Imperialismus die konservativen Kräfte um nationalistische Ressentiments zu schüren und so Legitimation zu erhalten. „*Der* (integrale, B.A.) *Nationalismus dient dazu, durch die künstliche Steigerung vorhandener politischer Konflikte mit anderen Staaten Loyalität gegenüber der Nation zu erzwingen.*", Peter ALTER, Nationalismus, S. 47.

[44] „*Nationalismus ist (...) eine Ideologie, die Zerfall und Zerstörung der überlieferten Ordnung legitimiert und an deren Stelle etwas Neues setzen will – vom Anspruch her eine Gesellschaft mit einer egalitären Wertordnung, verfasst als Staat mit einem kollektiven, also ebenfalls egalitären Souverän.*", LANGEWIESCHE, Nation, S. 43. Der Nationalismus ist eben nicht explizit demokratisch, sondern nur partizipatorisch und begnügt sich mit einer politischen Ordnung, die diesen Mitbestimmungswillen respektiert. In diesem Sinne ist die Nation nicht einer Form der Vergesellschaftung, sondern eher der Vergemeinschaftung zuzurechnen, Stefan BREUER, Bürokratie und Charisma, Darmstadt 1994, S. 134f.

tär-partizipatorische Gehalt des Nationalismus verweist vielmehr auf ein anderes Vergleichsobjekt: die Religion.

2.2.5 Nationalismus und Religion

Der Nationalismus gewinnt einen Großteil seiner Attraktivität durch die Verklärung der Nation zum höchsten und letzten Wert. Dieser Anspruch rückt den Nationalismus in die Nähe der Religion,[45] von der er viele Begriffe und Motive entlehnt hat. Aus der christlichen Ideenwelt stammen z. B. das typische Sendungsbewusstsein und der Auserwähltheitsgedanke,[46] die Vorstellung von einer nationalen Wiedergeburt oder der charismatische Anführer als „Erlöser", der die Nation rettet oder erweckt.[47] Eine besonders markante Parallele findet sich im christlichen Brüderlichkeitsgedanken, der die Gemeinde als Versammlung von Gleichen ansieht. In ihrer Summe bilden die Gläubigen eine überindividuelle Einheit, ein *corpus mysticum*, den Körper Christi.[48] So wie in der Gemeinde alle ohne Ansehen der Person vor Gott gleich sind, so gibt es in den Augen der Nationalisten keine Unterschiede zwischen den Nationsangehörigen. Dieser Egalitätsgedanke in Verbindung mit einer organischen Vorstellung von Nation wirkte äußerst attraktiv. Er vermochte zweierlei: Erstens konnte er tatsächliche soziale Ungleichheit erträglich machen, indem er sie mit dem Hinweis auf die Gleichwertigkeit aller „Glieder" des „Körpers" naturalisierte. Zweitens war es stets möglich – wie prekär die Stellung innerhalb der Gesellschaft auch war – auf einen geringer Geachteten zu verweisen, nämlich den, der nicht zur Nation gehörte.

So wie die Idee der Nation an die Traditionsbestände älterer Herrschaften anschließen musste, um Erfolg zu haben, so war es auch mit dem Transfer aus der christlichen Ideen- und Symbolwelt. Für die Religion selbst konnte dieser Aneignungsprozess, der die Nation zur „verbindlichen Sinngebungs-

---

[45] Carlton J.H. HAYES, Essays on Nationalism, New York 1926, hat als einer der ersten auf das besondere Verhältnis zwischen Nationalismus und Religion aufmerksam gemacht.

[46] Michael Jeismann hält den Missionsgedanken und das Auserwähltheitsbewusstsein für grundlegende nationalistische Kategorien, ohne die nicht von Nationalismus geredet werden kann, JEISMANN, RITTER, Grenzfälle, S. 16.

[47] Eine detaillierte Aufzählung der Parallelen findet sich bei WEHLER, Nationalismus, S. 27f.

[48] Zur Genese des weltlichen Körperschaftsbegriffs und seine Anwendung auf Staat und Nation vgl. BREUER, Bürokratie, S. 114f.

und Rechtfertigungsinstanz" mit „geradezu transzendentaler Qualität"[49] werden ließ, einen zusätzlichen Bedeutungsverlust zur Folge haben. Als konkurrierendes Identitätsangebot versprach der Nationalismus ein diesseitiges Heil, das gegenüber dem jenseitigen Heil der Kirchen wesentlich anziehender erscheinen musste.[50] Das führte mitunter dazu, dass die Kirchen sich im Gegenzug die Attraktivität des Nationalen zu Nutze machten und so eine Nationalisierung der Religion erfolgte: *„Das Religiöse wird im Nationalen säkularisiert, das Säkulare sakralisiert."*[51]

In der Nationalismusforschung ist dieser Prozess gelegentlich so interpretiert worden, dass die Nation zur „politischen Religion" aufstieg, der sich die christlichen Kirchen unterordnen mussten und neben der sie verblassten. Doch die Vorstellung von der Nation als „Religionsersatz" und einer damit verbundenen dauerhaften Marginalisierung von Religion ist nicht gerechtfertigt. Vielmehr ist das Bild eines symbiotischen Verhältnisses von Nation und Religion zutreffender. Dieses Verhältnis konnte allerdings unterschiedliche Dimensionen annehmen. Conor Cruise O´Brien unterscheidet drei Formen: das „auserwählte Volk", die „heilige Nation" und die „vergöttlichte Nation".[52] Im ersten Fall ist das Gesetz und die Autorität Gottes unangefochten, ein nationalistischer Diesseitsbezug ist fast nicht vorhanden. Dieses Modell gilt kaum für den modernen Nationalismus, sondern ist eher vornationalen Gruppenbildungen zuzuordnen. Dagegen fühlt sich die „heilige Nation" durch ihre göttliche Privilegierung in der Welt zur Herrschaft über andere Völker berufen, ein Typus, der bei fast allen Nationalismen besonders in ihrer Spätphase zu beobachten ist. Für den dritten Fall trifft der Begriff des „Religionsersatzes"

---

[49] WINKLER, Nationalismus, S. 6.
[50] Dieser Umstand lässt den Nationalismus auch gegen andere „politische Religionen", wie z. B. den Kommunismus bestehen. Während diese die ideale Gesellschaft in der Zukunft gesucht haben, wurde die Nation, zumindest im durchgesetzten Nationalstaat, als eine gegenwärtige ideale Gesellschaft verstanden. Im Jenseits- bzw. Diesseitsbezug besteht der zentrale Unterschied zwischen Religion und Nation, der für die nationale Bewegung jedoch nicht nur Vorteile bedeutete, denn sie war erfolgsabhängig. „ (...) *dauerhaftes Versagen des von ihr verheißenen diesseitigen Glücks kann sich die säkulare Wertidee Nation nicht lange leisten.*", Heinz Gerhard HAUPT, Dieter LANGEWIESCHE (Hrsg.), Nation und Religion in der Deutschen Geschichte, Frankfurt a. M. 2001, S. 14.
[51] Thomas NIPPERDEY, Deutsche Geschichte 1800-1866. Bürgerwelt und starker Staat, München 1983, S. 300.
[52] Conor Cruise O´BRIEN, God Land: Reflections on Religion and Nationalism, Harvard 1988.

tatsächlich zu. Hier steht die Nation über allem anderen, auch über der Religion. Die Vergöttlichung der Nation ist aber nicht wie die „heilige Nation" auf Dauer angelegt, sondern eher ein Ausnahmefall. Sie lässt sich insbesondere in Kriegszeiten beobachten.[53]

---

[53] „Überall fügten sich die Kirchen, auch die universale katholische Kirche, in Zeiten existentieller Gefährdung der eigenen Nation letztlich dem Ersten Gebot des Nationalismus: Du sollst keinen anderen Gott haben neben Deiner Nation.", LANGEWIESCHE, Nation, S. 33.

3 Nationalismus bei Serben und Kroaten

Im Folgenden soll die Frühgeschichte des serbischen und kroatischen Nationalismus beschrieben werden. Die Schilderung behandelt die historischen Situationen im 19. und frühen 20. Jahrhundert, in denen sich die Nationalismen als Ideologie und Bewegung artikulierten und konsolidierten. Eingegangen wird ebenfalls auf die im 19. Jahrhundert entstandene Idee einer Vereinigung aller Südslawen,[54] dem Jugoslawismus, der bis in die 1990er Jahre mehr oder weniger gleichberechtigt neben den exklusiven Nationalideologien bestand.

In Anlehnung an den einleitend vorgestellten modernisierungstheoretischen Ansatz, fällt die Schilderung der Nationalismusentwicklung überwiegend politik- und ideengeschichtlich aus. Kultur- und sozialgeschichtliche Aspekte werden nur am Rande behandelt. Während die politische Entwicklung Kroatiens in der Sekundärliteratur häufig angesprochen wird, sind solche Perspektiven auf die serbische Gesellschaft kaum zu finden, dies gilt insbesondere für die Entwicklungen im Parteienspektrum. Dagegen existieren mit den Werken von Marie-Janine Calic und Holm Sundhaussen sehr gute Detailstudien zur Sozial- und Wirtschaftsgeschichte Serbiens, die allerdings auf Aspekte der Politik- und Ideengeschichte kaum eingehen.[55] Für die abschließende Analyse kommt erschwerend hinzu, dass die politische Struktur und das Parteienspektrum der serbischen wie auch der kroatischen Regionen für das ausgehende 19. Jahrhunderts besser erforscht sind als die entscheidende Zeit der Nationsbildung, die Jahrzehnte zwischen dem Ende des 18. und der Mitte des 19. Jahrhunderts.

---

[54] Unter Südslawen oder Jugoslawen werden im Allgemeinen diejenigen Gruppen und Ethnien verstanden, die zur slawischen Sprachfamilie gehören und im Verlauf des 6. und 7. Jahrhunderts in das südöstliche Europa eingewandert sind. Heute gehören zu den südslawischen Sprachen: Slowenisch, Serbo-Kroatisch und Bulgarisch. Zur Besiedlungsgeschichte des südöstlichen Europas vgl. Karl KASER, Südosteuropäische Geschichte und Geschichtswissenschaft, Wien 2002, S. 46-91. Seit dem Bürgerkrieg von 1992-95 differenziert sich das Kroatische zusehends von dem Serbischen, so dass bald von zwei unterschiedlichen Sprachen ausgegangen werden muss. Inwieweit dies auch für Montenegro, Bosnien-Herzegowina und Mazedonien gilt, bleibt abzuwarten.

[55] Marie-Janine CALIC, Sozialgeschichte Serbiens 1815-1941, München 1994 Holm SUNDHAUSSEN, Historische Statistik Serbiens 1834-1914, München 1989.

Die Beschreibung der nationalistischen Ideologien und Bewegungen stützt sich hauptsächlich auf Arbeiten von Wolf-Dietrich Behschnitt und Ivo Banac. Diese Studien behandeln auch die politikgeschichtlichen Aspekte. Eine solche Herausarbeitung der gesellschaftlichen Rahmenbedingungen des Nationalismus leisten auch die Monographie von Charles und Barbara Jelavich sowie Arbeiten von Mirjana Gross, die sich ausführlich mit den politischen und sozialgeschichtlichen Entwicklungen Kroatiens auseinandergesetzt hat.[56]

Bevor ausführlich auf die serbische und kroatische Geschichte des 19. Jahrhunderts eingegangen wird, soll kurz auf die jeweiligen Staatswesen des Mittelalters hingewiesen werden. Darauf folgt ein kursorischer Abriss der kroatischen und serbischen Geschichte vom Späten Mittelalter bis zum 19. Jahrhundert. Die Erwähnung der mittelalterlichen Staaten ist für ein Verständnis des Nationalismus notwendig, da der Rekurs auf eine weit zurückliegende nationale Tradition und die Beschwörung einer „Wiedergeburt" für die Nationalisten des 19. und 20. Jahrhunderts zu den wichtigsten Mobilisierungsfaktoren und Legitimationsfiguren gehörte. Auch wenn eine klare Kontinuität zwischen den mittelalterlichen Reichen und den modernen Nationen, die die Rede von der „Wiedergeburt" rechtfertigen würde, nicht bestand, so schufen diese Herrschaftsverbände doch Traditionen und ethnische Identitäten, auf die bei der Konstruktion der modernen Nation im Sinne von Langzeitelementen zurückgegriffen werden konnte.[57]

---

[56] Wolf Dietrich BEHSCHNITT, Nationalismus bei Serben und Kroaten 1830-1914, Köln 1976; Ivo BANAC, The National Question in Yugoslavia, London 1984; Barbara JELAVICH, Charles JELAVICH, The Establishment of the Balkan National States, 1804-1920, Seattle, London 1977; Mirjana GROSS, Die Anfänge des modernen Kroatien. Gesellschaft, Politik und Kultur in Zivil-Kroatien und Slawonien in den ersten dreißig Jahren nach 1848, Wien, Köln, Weimar 1993; Dies., Einfluss der sozialen Struktur auf den Charakter der Nationalbewegung in den kroatischen Ländern im 19. Jahrhundert, in: Theodor SCHIEDER (Hrsg.), Sozialstruktur und Organisation europäischer Nationalbewegungen, München 1971, S. 67-96.

[57] Im Folgenden werden bei der Beschreibung der Vorgeschichte dennoch die Begriffe „kroatisch" bzw. „serbisch" benutzt. Hier dienen sie der Unterscheidung der jeweiligen Herrschaftsverbände. Inwieweit diese Begriffe zeitgenössisch verwendet worden sind, in einem Verständnis, das eine ethnische oder kulturelle Differenz ausdrückt, ist dem Verfasser nicht bekannt, darf aber für den Großteil der Bevölkerung ausgeschlossen werden. Die Entstehung einer kroatischen und serbischen Ethnie fand erst in den folgenden Jahrhunderten statt. Diese Differenzierung stellte dann schließlich eine der

3.1 Vorgeschichte

3.1.1 Serbien und Kroatien im Mittelalter

Zur Untermauerung ihrer territorialen Ansprüche und Unabhängigkeitsforderungen beriefen sich die serbischen Nationalisten auf die mittelalterlichen Reiche der Nemanjidendynastie, die sich vom 12. bis zum 14. Jahrhundert über weite Teile des südöstlichen Europas erstreckten. 1217 gelang es dem serbischen Fürsten Stephan *„Prvovenčani"* (Erstgekrönter) die serbischen Stämme zum Staatsverband zu einigen und sich vom Papst zum König krönen zu lassen. Schon bald jedoch orientierte sich der serbische Adel an der Ostkirche. Sava, der Bruder des Königs und heutige Nationalheilige, wurde 1219 vom Patriarchen von Konstantinopel zum Erzbischof geweiht und gründete die serbisch-orthodoxe Kirche.

Im Zentrum des geschichtsbewussten serbischen Nationalismus steht jedoch das *„Dušanvo carstvo"*, das Zarenreich Stephan Dušan Uroš IV., unter dessen Regentschaft 1331-1355 das mittelalterliche Serbien seine größte territoriale Ausdehnung und Machtfülle erreichte. Der Tod des „Zaren der Serben und Griechen" leitete den Verfall der Zentralmacht ein. Nach der im nationalistischen Rückblick ebenso traumatischen wie symbolträchtigen Niederlage gegen das osmanische Heer auf dem *„Kosovo polje"* 1389, dem Amselfeld, geriet Serbien immer mehr in den osmanischen Einflussbereich. 1459 schließlich wurde die Region als eine gesonderte Verwaltungseinheit, dem *paşalik* Belgrad, vollständig in das Osmanische Reich eingegliedert. Damit endete die politische Herrschaft des serbischen Adels. Herrenrechte und Privilegien übten fortan fast ausschließlich muslimische Grundbesitzer aus. Da die osmanischen Herrscher die Religionsfreiheit nicht einschränkten, behielt die Bevölkerung ihren christlich-orthodoxen Glauben. Klöster und Kirchen konnten auf diese Weise zu Überlieferungsorten von Tradition und ethnischer Identität werden.[58]

Ausgangsvoraussetzungen dar, die für die Konstituierung des modernen Nationalbewusstsein im 19. Jahrhundert benötigt worden ist.

[58] Zur Geschichte der mittelalterlichen serbischen Reiche vgl. Katrin BOECKH, Serbien, in: Harald ROTH (Hrsg.), Studienhandbuch Östliches Europa, Bd. 1, Köln, Weimar, Wien 1999, S. 360-369, hier S. 360-363; Constantin JIREČEK, Geschichte der Serben, 2 Bde.,

33

Die kroatischen Nationalisten des 19. Jahrhunderts verlängerten die Existenz ihrer Nation ebenfalls zurück bis in das hohe Mittelalter. Ein kroatischer Adelsstaat unter byzantinischer Oberhoheit bestand bereits im 9. Jahrhundert, erreichte aber erst unter König Tomislav 910-928 seine größte Ausdehnung. Die Krönung Demetrius Zvonimirs 1076 durch den Papst entzog Kroatien schließlich dem Einfluss von Byzanz und stärkte die Rolle der römisch-katholischen Kirche. Wenige Jahre später führte die Eroberung durch Ungarn 1091 zum Erlöschen der kroatischen Unabhängigkeit. Im Gegensatz zum serbischen Adel unter osmanischer Herrschaft verblieben wichtige Herrenrechte aber in den Händen des kroatischen Adels. Das Verhältnis zwischen Kroatien und dem Königreich Ungarn wurde 1102 in Form einer Personalunion geregelt und schriftlich festgehalten (*pacta conventa*). Kroatien erhielt unter Leitung eines königlichen Vertreters, dem *Banus*, den Status einer ungarischen Grenzmark (Banschaft). Die Belange des Adels wurden weiterhin im kroatischen Landtag, dem *Sabor*, geregelt. Die Übernahme der Königskrone durch die Habsburger nach dem Ende der ungarischen Dynastie 1526 änderte an dem staatsrechtlichen Status Kroatiens nichts.

Im Rückblick des kroatischen Nationalismus haben die *pacta conventa* erhebliche Bedeutung. Sie sollen die ungebrochene Tradition der kroatischen Staatlichkeit belegen und auf die Freiwilligkeit hinweisen, mit der sich die kroatischen Adligen unter die Oberhoheit der ungarischen Krone begeben haben. Im 19. Jahrhundert stand die unterschiedliche Interpretation des Dokuments – freiwilliges Abkommen oder Unterwerfungsvertrag – im Zentrum der Auseinandersetzungen zwischen den kroatischen und den ungarischen Nationalisten.[59]

3.1.2 Modernisierungsbedingungen

Im 14. und 15. Jahrhundert gelang es dem Osmanischen Reich sein Territorium auf den größten Teil des südöstlichen Europas auszudehnen und die

---

Gotha 1911, 1918; Edita TURK SANTIAGO, Probleme der Herrschaftsbildung im mittelalterlichen Serbien, Frankfurt a. M. 1984.

[59] Zur Geschichte der mittelalterlichen kroatischen Reiche vgl. Hans-Christian MANER, Kroatien mit Slawonien, Dalmatien und Istrien, in: ROTH, Studienhandbuch, Bd. 1, S. 230-239, hier S. 230f.; Stanko GULDESCU, History of Medieval Croatia, The Hague 1964.

Eroberungen bis in das späte 19. Jahrhundert zu verteidigen. Die Grenze zwischen dem osmanischen Reich und der Habsburger Monarchie trennte die Region des späteren Jugoslawiens in zwei Hälften: Slowenien und Kroatien im Norden gehörten zum Herrschaftsbereich Österreichs und Ungarns. Ihre Bevölkerungen waren überwiegend römisch-katholisch. Die Regionen Serbien, Bosnien-Herzegowina, Montenegro und Mazedonien waren Teile des osmanischen Reichs. Ihre Bewohner konnten zwar weiterhin die christlich-orthodoxe Religion ausüben, aber zu Wohlstand, Großgrundbesitz und politischen Ämtern brachten es nur diejenigen, die zum Islam übertraten. Wenn auch der überwiegende Teil der Bevölkerung diese Möglichkeit nicht wahrgenommen hat, war die Zahl der Muslime in einigen Regionen doch beträchtlich.[60]

Die nördliche Grenze des Osmanischen Reichs in Europa war nicht nur eine politische und religiöse. Im osmanischen Teil verlief auch die ökonomische Entwicklung in anderen Bahnen: Im Gegensatz zu den mittelalterlichen christlichen Feudalstaaten war die osmanische Herrschaft von Anfang an durch einen starken bürokratischen Zentralismus gekennzeichnet. So sollte die Entstehung lokaler Gewalten, die nur durch ein Treueverhältnis an den Sultan gebunden waren und zu Zentrifugalkräften werden könnten, möglichst vermieden werden. Dies hatte zur Folge, dass es im Osmanischen Reich fast keinen landbesitzenden Adel gab. Die Basiseinheit der landwirtschaftlichen Produktion bildete bis in das 19. Jahrhundert der kleinbäuerliche Pächter oder Grundbesitzer, der von Leibeigenschaft verschont blieb. Die zum Teil erheblichen Abgaben an die staatlichen Repräsentanten entrichtete der Bauer in Form von Frondiensten und Naturalabgaben. Die Geldrente spielte innerhalb der osmanischen Agrarverfassung durchgängig eine untergeordnete Rolle.

---

[60] Die Muslime stellten insbesondere in Albanien und Bosnien-Herzegowina die Bevölkerungsmehrheit, auch nach dem Ende der osmanischen Herrschaft. Exakte Aussagen über das Verhältnis zwischen Christen und Muslimen in den vorhergehenden Jahrhunderten können mangels demographischer Daten nicht getroffen werden. Im Zuge der Unabhängigkeitskämpfe im 19. Jahrhundert sank der muslimische Bevölkerungsanteil rapide: Zwischen 1820 und 1920 wurden etwa fünf Millionen Muslime aus dem südöstlichen Europa vertrieben, zusätzlich starben fünfeinhalb Millionen während der Verfolgungen, vgl. KASER, Südosteuropäische Geschichte, S. 85.

Unter den Bedingungen einer starken Zentralregierung, deren ökonomische und politische Macht sich vorwiegend auf das Land stütze, verlief auch die Stadtentwicklung anders und langsamer als in den christlichen Staaten. Insgesamt war urbanes Leben durch eine starke staatliche Reglementierung gekennzeichnet, von der besonders die Zünfte betroffen waren. Eine mit West- und Zentraleuropa vergleichbare Stadt-Land Differenzierung wurde unter osmanischer Herrschaft nicht erreicht. Ebenso wenig konnte in relevantem Ausmaß ein autonom wirtschaftendes Bürgertum entstehen.

Die Abwesenheit feudaler Strukturen und der geringe Urbanisierungsgrad trennte das südöstliche Europa von dem ökonomischen Modernisierungsprozess, der seit dem ausgehenden Mittelalter West- und Zentraleuropa ergriffen hatte. Karl Kaser sieht in diesen Besonderheiten restriktive Bedingungen für die Entstehung einer modernen kapitalistischen Ökonomie im osmanischen Herrschaftsbereich. Sie bildeten eine entscheidende strukturelle Ursache dafür, dass die ehemals osmanischen Gebiete bis heute ökonomisch eine europäische Peripherie darstellen.[61]

Zu dieser Peripherie gehörten auch die kroatischen und ungarischen Grenzregionen der Habsburger Monarchie. Dies lag einerseits daran, dass sich dort die feudalen Strukturen im 17. und 18. Jahrhundert vertieften – zu einem Zeitpunkt, als sie sich in Westeuropa schon gelockert hatten – andererseits an der auch in ökonomischer Hinsicht exponierten Stellung der im 16. Jahrhundert eingerichteten Militärgrenze (*vojna krajina*).[62] Die hier angesiedelten Wehrbauern, großteils orthodoxe „Serben", die Ende des 17. Jahrhunderts als Kriegsflüchtlinge das Osmanische Reich verlassen hatten, mussten

---

[61] Indikatoren für die These einer heutigen ökonomischen Peripherisierung sieht Kaser in dem im europäischen Vergleich geringen Bruttosozialprodukt der Länder des südöstlichen Europas und dem hohen Anteil des agrarischen Sektors, der z. T. weit über 10% liegt, ebd., S. 98f. Eine weitere strukturelle Ursache war der „phasenverschobene Einstieg in feudalgesellschaftliche Strukturen" in vorosmanischer Zeit. Die so entstandene „Entwicklungsdifferenz" ist durch die Besonderheiten der osmanischen Herrschaft noch verstärkt worden, ebd. S. 101f. TODOVORA, Erfindung, S. 245, zweifelt die Peripherisierungsthese mit dem Hinweis auf die Entwicklung Rumäniens an: Unter osmanischer Herrschaft existierte in Rumänien ein landbesitzender Adelsstand, Leibeigenschaft sowie eine relative städtische Autonomie. Trotz dieser Bedingungen gelang der rumänischen Gesellschaft kein kapitalistischer Entwicklungssprung. Grundlegend zur Peripherisierungsthese: Iván BEREND, György RÁNKI, The European Periphery and Industrialization 1780-1914, Budapest 1982.

[62] KASER, Südosteuropäische Geschichte, S. 105.

nur geringe Abgaben zahlen und genossen verschiedene Privilegien. Zum Ausgleich waren sie aber verpflichtet, regelmäßig zeitaufwendigen Militärdienst zu leisten. Die häufigen Kämpfe und die langen Dienstzeiten verhinderten auch hier die Entstehung urbaner Zentren und die Ausbildung kapitalistisch-modernisierender Strukturen.[63] Die kroatischen, slowenischen und ungarischen Regionen des südöstlichen Europas konnten im 18. und 19. Jahrhundert jedoch von der Modernisierungspolitik der Habsburger Monarchie profitieren. Insbesondere in der neoabsolutistischen Ära 1850-1860 wurden auch in den Grenzregionen Verwaltungs- und Bodenreformen durchgeführt, Schulgründungen vorgenommen und die Verkehrswege ausgebaut, so dass *„der habsburgische Teil des südöstlichen Europa Ende des 19. Jahrhunderts wesentlich besser entwickelt (war) als der ehemals osmanische Reichsteil – ein Entwicklungsgefälle, das bis heute noch nicht überwunden ist."*[64] Doch im Vergleich zu den übrigen Ländern der Donaumonarchie gehörten die kroatischen Regionen Ende des 19. Jahrhunderts – gemessen an dem Anteil des agrarischen Sektors – zu den wirtschaftlich rückständigsten.[65]

Die ständigen kriegerischen Auseinandersetzungen zwischen dem Osmanischen Reich und der Habsburger Monarchie im Verlauf der Frühen Neuzeit[66] vertieften nicht nur den Gegensatz zwischen Christentum und Islam. Grenzüberschreitende Kommunikation, Handel und Reisen nahmen an Umfang und Intensität ab und verfestigten die politische zu einer kulturellen Grenze. So konnten die Ideensysteme des Humanismus, der Renaissance und der Reformation zum Zeitpunkt ihres Auftretens fast keine modernisierenden Wirkungen im südöstlichen Europa entfalten.[67] In der Wahrnehmung

---

[63] Detailliert über die Militärgrenze berichtet Gunther E. ROTHENBURG, Die österreichische Militärgrenze in Kroatien 1522-1881, Wien 1970.

[64] KASER, Südosteuropäische Geschichte, S. 109; zur Modernisierung der kroatischen Regionen ausführlich GROSS, Die Anfänge.

[65] Der landwirtschaftliche Sektor machte noch 1890 in Kroatien 85% aus, in Dalmatien 86%, GROSS, Einfluss, S. 77.

[66] Kaser merkt an, dass die herkömmliche geschichtswissenschaftliche Periodisierung für die Geschichte des südöstlichen Europas ohne weiteres nicht anzuwenden ist, da *„für das südöstliche Europa die entscheidenden Kriterien für den Beginn der Neuzeit größtenteils irrelevant sind.",* KASER, Südosteuropäische Geschichte, S. 119.

[67] Dieser kulturelle Grenzverlauf darf nicht überbewertet werden. Ein Kulturtransfer hat durchaus stattgefunden. Die Rezeption der Ideensysteme hatte jedoch bis zum 19.

der nördlichen Nachbarn des Osmanischen Reichs drückte sich die fortschreitende kulturelle Differenz schon bald in verallgemeinernden und wertenden Kategorisierungen aus, unter denen das Begriffspaar Orient-Okzident am erfolgreichsten wurde. Das Fortschritts- und Entwicklungsdenken der Neuzeit „bereicherte" dieses Bild um weitere dichotomische Vorstellungen von Evolution und Zivilisation. Selbst nach dem Verschwinden der osmanischen Herrschaft ist mit dem südöstlichen Europa stets Rückständigkeit und Unreinheit verbunden worden.[68]

3.2 Nation-Building

3.2.1 Serbischer Nationalismus im 19. Jahrhundert

3.2.1.1 Staatsgründung und Konsolidierung der Macht

Von den Ländern, die sich 1918 zum Ersten Jugoslawien zusammenschlossen, konnte neben Montenegro nur Serbien auf einen eigenen Staat zurückblicken. Die völlige staatliche Unabhängigkeit war Resultat des Berliner Kongresses 1878, aber die Loslösung Serbiens aus dem osmanischen Herrschaftsverband begann schon im ausgehenden 18. Jahrhundert. Die Stärkung ihrer Autonomie verdankte die Bevölkerung des *paşalik* Belgrad dem Sultan Selim III. (1789-1807), der in den 1790er Jahren mit ihrer Hilfe gegen aufständische Janitscharen vorging. Als die Janitscharen jedoch zu Beginn des 19. Jahrhunderts die Herrschaft in Belgrad übernehmen konnten, musste die serbische Bevölkerung unter erheblichen Repressalien und dem Verlust ihrer Privilegien leiden. Die Ermordung von 70 bis 150 serbischen Adligen im Januar und Februar 1804 war schließlich der Anlass zur „Serbischen Revolution", die unter der Leitung des Karadjordje Petrovič zu einer Vertreibung der Janitscharen führte. Kämpfe gegen reguläre osmanische Armeen kamen erst

---

Jahrhundert nicht die grundlegenden Veränderungen im politischen und ökonomischen Bereich zur Folge, wie es in West- und Zentraleuropa der Fall war. Zusätzlich muss darauf hingewiesen werden, dass im südöstlichen Europa nicht nur eine Rezeption der westlichen Ideensysteme stattfand, sondern auch eigene Ideen entwickelt wurden, die seinerseits das restliche Europa rezipierte, vgl. TODOVORA, Erfindung, S. 254f.

[68] TODOVORA, ebd., S. 17, passim, weist daraufhin, dass im 19. Jahrhundert neben dem Orientstereotyp das Balkanstereotyp auftauchte. Die Vorstellung eines Balkans zählte die Region zwar zum Okzident, hob die wertende Differenz jedoch nicht auf. Der Balkan war in diesem Sinne die unfertige, kulturlose und dunkle Seite Europas, demgegenüber das aufgeklärte, zivilisierte West- und Zentraleuropa umso heller erschien.

ein Jahr später zu Stande, nachdem die Pforte die Kontrolle über die serbischen Länder zurückerhalten wollte. Doch auch die Truppen des Sultans konnten zunächst zurückgeschlagen werden. Der russisch-osmanische Krieg 1806-1812, in dem die Serben auf der Seite Russlands kämpften, verhinderte eine schnelle Entscheidung über den Status Serbiens. Erst der Friedensvertrag von Bukarest sah 1812 eine Amnestie für die Rebellen und gewisse Autonomierechte vor. 1813 schließlich ist mit der Befriedung und der Reintegration Serbiens in das Osmanische Reich die „Serbische Revolution" beendet.

Politisch-militärischer Anführer der Serben wurde Miloš Obrenović, der seinen Rivalen Karadjordje kurzerhand ermorden ließ. Er schaffte es die Verständigung mit der Pforte zu verbessern und weitere wirtschaftliche und politische Privilegien für Serbien durchzusetzen. Seine eigene Macht baute er in den folgenden Jahren kontinuierlich aus. 1817 proklamierte eine handverlesene Auswahl Adliger Obrenović zum Fürsten und erklärte Serbien zum erblichen Fürstentum. Konstantinopel erkannte diesen Schritt zwar nicht an, mischte sich aber nur wenig in die serbischen Angelegenheiten.

Erst 1830 wurde Serbien auch offiziell ein tributpflichtiges Fürstentum. Die Verfügung des Sultans sah außerdem die Wiederzulassung einer autokephalen serbisch-orthodoxen Kirche vor. Anstelle des Griechischen wurde das Kirchenslawisch wieder zur Sprache der Liturgie, und insgesamt nahm der traditionell große Einfluss des griechischstämmigen Klerus (Phanarioten) ab. In der Folge etablierte sich eine institutionalisierte und staatlich kontrollierte serbische Nationalkirche.[69]

In den 30er Jahren unternahm der Staat weitere Schritte einer politischen und ökonomischen Modernisierung. Im Bildungsbereich wurde 1833 eine erste Maßnahme eingeleitet, indem die Regierung ein Gesetz über die Errichtung von Grundschulen erließ. Doch noch lange war die Administration auf die Anwerbung von habsburgischen Serben aus der Vojvodina angewiesen, die über einen höheren Bildungsgrad verfügten und den größten Teil des

---

[69] Auf die wichtige Rolle der Nationalkirchen für den Nationsbildungsprozess im südöstlichen Europa verweist Paschalis M. KITROMILIDES, `Imagined Communities´ and the Origins of the National Question in the Balkans, in: European History Quarterly 19 (1989), S. 149-194. Kitromilides konzentriert sich auf die griechisch-orthodoxe Kirche und ihr enges Verhältnis zum griechischen Nationalismus, sieht hier aber ein Modell für die Nationsbildungsprozesse der benachbarten Staaten, wie z. B. Serbien oder Bulgarien.

rapide wachsenden Beamtenapparates stellten.[70] Lange Zeit waren diese eingekauften Beamten von der Bevölkerung schlecht angesehen und als *prečani* („die von drüben") oder *nemačkari* (von *nemči*, Deutsche) verrufen.

Der neue staatsrechtliche Status ermöglichte es der Regierung auch, die muslimischen Grundbesitzer zu enteignen. Viele Muslime mussten auswandern oder sich in die Städte zurückziehen. Die serbische Landbevölkerung profitierte nicht nur von den Enteignungen, sondern auch von einer Bodenreform, die Überschuldungen verhindern sollte und ein Minimum an Besitz garantierte. Bäuerliche Steuern und Abgaben, die unter osmanischer Herrschaft überwiegend in Naturalien gezahlt wurden, flossen seit dem Autonomiestatus direkt an den serbischen Staat und wurden sukzessive in Geldbeträge umgewandelt. Die zunehmende Geldwirtschaft belebte die Städte, die bisher überwiegend von griechischen, osmanischen und jüdischen Händlern dominiert waren. Mit der Autonomie stieg jedoch nicht nur der serbische Anteil an der Stadtbevölkerung, auch Handel und Gewerbe kamen überwiegend unter serbische Kontrolle. Insgesamt kann in der ersten Hälfte des 19. Jahrhunderts eine zunehmende Homogenisierung der serbischen Bevölkerung festgestellt werden. Der Anteil an Muslimen und anderen Minderheiten sank durch Vertreibung und Abwanderung kontinuierlich.[71]

Innenpolitisch regte sich in den 1830er Jahren der Widerstand gegen das absolutistische Regime des Miloš Obrenović. Die Opposition, überwiegend von Teilen des Adels getragen, richtete sich gegen die zentralistische Herrschaft des Fürsten. Diese so genannten Konstitutionalisten konnten einen Erfolg verbuchen, als der Sultan 1838 die „Türkische Verfassung" erließ, die die Macht des Fürsten erheblich einschränkte und die Einrichtung eines 17-köpfigen Adelsrates vorsah, der zur höchsten administrativen und legislativen Instanz Serbiens wurde. Die nun folgende „konstitutionelle Periode" von 1838-58, seit 1842 geprägt von der Regentschaft des Alexander Karadjordje,

---

[70] 1815 waren nur 24 Personen im Staatsdienst beschäftigt, 1837 schon 492 und 1842 erreichte ihre Zahl 1151, Victor ROUDOMETOF, Invented Traditions, Symbolic Boundaries and National Identity in Southeastern Europe: Greece and Serbia in Comparative Historical Perspective (1830-1880), in: East European Quarterly 32 (1998), S. 429-468, hier S. 444.

[71] Eine geplante und aggressive Homogenisierungspolitik, wie es viele Staaten des südöstlichen Europas Ende des 19. und zu Beginn des 20. Jahrhunderts vorgenommen haben, ist zu diesem Zeitpunkt jedoch nicht aufgetreten.

dem Sohn des Helden der „Serbischen Revolution", hatte eine nachhaltige Stärkung des Staates mittels Bürokratisierung und Ämtertradition geschaffen. Sie war gekennzeichnet von dem wachsenden Einfluss der national orientierten liberalen Partei, die sich für Demokratie und bürgerliche Freiheiten einsetze und neben Konstitutionalisten und Anhängern des Zentralismus zu der dritten maßgeblichen politischen Strömung wurde. Obwohl 1858 mit der Wiederwahl von Miloš Obrenović der alte Zentralismus zurückkehrte, konnte die liberal-demokratische Bewegung an Zuspruch gewinnen. Die 1869 proklamierte Verfassung verwirklichte einen Großteil ihrer Forderungen, doch die Stellung des Fürsten, seit 1868 war dies Milan Obrenović, blieb nach wie vor sehr stark.

3.2.1.2 Nationalismus

Vor den 30er Jahren des 19. Jahrhunderts kann von einem serbischen Nationalismus kaum gesprochen werden. Selbst die „Serbische Revolution" von 1804 ist wohl erst im nationalistischen Rückblick als Stunde der serbischen „Wiedergeburt" neu erfunden worden. Der Aufstand unter Karadjordje hatte weniger den Charakter einer nationalen Unabhängigkeitsbewegung als den einer Rebellion, die „altes Recht" wiederherstellen sollte.[72] Jedoch lässt sich durchaus ein historisch-ethnisches Eigenbewusstsein der Kämpfenden entdecken. So z. B. war das die unterschiedlichen Stämme einigende Symbol des Aufstands der erste König des mittelalterlichen Serbenreiches, Stephan Prvovenčani.[73]

Mit zunehmender politischer Autonomie und der Gründung des Fürstentums Serbien stieg das Bewusstsein einer genuin serbischen Identität, die sich nicht, wie noch während der „Serbischen Revolution", in der religiösen und sozialen Differenz zwischen Christen und Muslimen erschöpfte. Einer der Ersten, der auf Besonderheiten der serbischen Nation hinwies, war der Philologe Vuk Stefanović Karadžić (1787-1864). In seinem Nationalismus verliert die Religion an Bedeutung. Statt dessen wird die Sprache als wesentliches Unterscheidungsmerkmal in den Vordergrund gerückt. Schon 1818 veröffentlichte er eine „Serbische Grammatik" und ein „Serbisches Wörterbuch". In

---

[72] So auch Holm SUNDHAUSSEN, Experiment Jugoslawien: von der Staatsgründung bis zum Staatszerfall, Mannheim 1993, S. 21.
[73] BEHSCHNITT, Nationalismus, S. 72, Anm. 25.

seinem 1836 verfassten Hauptwerk „*Srbi svi i svuda*" („Alle Serben und Serben überall", 1849 veröffentlicht) definiert er die serbische Nation als Sprachgemeinschaft. Der Sprachennationalismus Karadžićs wurde zu einem grundlegenden Kennzeichen des serbischen Nationalismus des 19. und 20. Jahrhunderts. Auch wenn Karadžić selbst keine explizite Verbindung zwischen der sprachlichen Nation und einem zu schaffenden Nationalstaat herstellte, wurde sein Sprachennationalismus mit den zunehmenden Unabhängigkeitsbestrebungen im südöstlichen Europa hochproblematisch. Karadžić hatte bei seinen philologischen Studien drei unterschiedliche Dialekte der serbo-kroatischen/kroato-serbischen Sprache festgestellt, die er drei unterschiedlichen Nationen zuordnete. Das Štokavische sprächen die Serben, das Cakavische die Kroaten und das Kajkavische die Slowenen. Nicht nur, dass mit dieser Setzung das Siedlungsgebiet der Serben weit über die Grenzen des Fürstentums hinausging und die Bewohner Montenegros und Bosnien-Herzegowinas kurzerhand als Serben deklariert wurden;[74] damit ignorierte Karadžić auch die sich zu diesem Zeitpunkt ebenfalls herausbildende nationale Orientierung der katholischen Kroaten, die zum überwiegenden Teil auch den štokavischen Dialekt sprachen. Nach der Veröffentlichung von „*Srbi svi i svuda*" wurde Karadžić insbesondere von den kroatischen Illyrern kritisiert, die eine kulturelle Einheit aller Südslawen – Serben Kroaten und Slowenen – favorisierten und exklusive südslawische Nationskonzepte ablehnten.[75] Später relativierte Karadžić einige seiner Positionen, blieb aber bei der Auffassung einer grundlegenden Differenz von Serben und Kroaten.

Karadžić war aber nicht nur ein Sprachreformer. Seine größte, auch internationale Bekanntheit erlangte er durch die Herausgabe einer Sammlung alter serbischer Volkslieder und Märchen. Ganz im Geiste der Romantik und den Ideen Herders suchte er die nationale Identität in Brauchtum und Folklore. In Karadžićs Liedersammlung von 1823 tauchte auch die Erzählung der verlorenen Schlacht auf dem Amselfeld von 1389 auf. Ursprünglich eine moralische Geschichte im Stile des Nibelungenliedes, die von Liebe, Verrat,

---

[74] Karadžić ignoriert die religiöse Orientierung völlig. Er entdeckt insgesamt 5 Millionen Serben in unterschiedlichen politischen Einheiten: 3 Millionen Orthodoxe im Fürstentum Serbien, in Bosnien und in der Habsburger Monarchie, 1,5 Million Muslime in Bosnien und 0,5 Millionen Römisch-Katholische in Österreich und Ungarn, BEHSCHNITT, ebd., S. 96.

[75] Zum Illyrismus vgl. unten Kap. 3.2.2.1.

Tapferkeit und Aufopferung berichtete, stilisierte der geschichtsbewusste Nationalismus in der Folge Karadžićs die Kosovolegende zum Nationalepos. Die nationalistische Neuinterpretation der Geschichte rückte die Größe einer mittelalterlichen serbischen Nation in den Vordergrund, ihren tiefen Sturz durch die militärische Niederlage, die anschließende Versklavung und das jahrhundertlange Martyrium unter osmanischer Herrschaft. Herausgelöst aus dem historischen Kontext wurde die Schlacht auf dem Amselfeld zum Symbol des ständigen Kampfes um nationale Befreiung und erinnerte an die Verpflichtung eines jedes „patriotischen" Serben an diesem Kampf teilzuhaben.[76]

Der Kosovomythos gewann 1851 nochmals entscheidend an Popularität, als der 28. Juni, der Jahrestag der Schlacht, zum Nationalfeiertag erhoben wurde. Zufällig war dies auch der St. Vitus-Tag, der Feiertag eines Heiligen, der im serbisch-orthodoxen Kirchenkalender bis dato eine eher untergeordnete Rolle spielte, aber durch die Verbindung mit dem Kosovomythos zum Nationalheiligen avancierte. Auf diese Weise wurde der nationalistische Kosovodiskurs geschickt mit der identitätsstiftenden Wirkung der Religion verknüpft.

In der Mitte des 19. Jahrhunderts setzten sich nationalistische Konzepte auch in der serbischen Führung durch. Die unter dem Namen *„Načertanije"* („Entwurf")[77] bekannt gewordene geheime Denkschrift des serbischen Innenministers Ilija Garašanin (1812-1874) verdeutlicht die nationalistischen Vorstellungen der serbischen Führungsriege. Bei dem *„Načertanije"* vor 1844 handelt es sich um eine programmatische Schrift, die die zukünftigen Ziele und die Strategie serbischer Außenpolitik umreißt: *„Österreich muss folglich unter allen Umständen unaufhörlich der Feind des serbischen Staates sein; Einvernehmen und Eintracht mit Österreich sind daher für Serbien eine politische Unmöglichkeit"* und *„Serbien muss ständig danach trachten, aus dem Gebäude des türkischen Staates nur Stein um Stein herauszureißen und in sich aufzunehmen, so dass es aus diesem guten Material auf der guten und*

---

[76] Auf den Symbolcharakter der Kosovoschlacht weist ein zeitgenössisches Gedicht: „...whoever is a Serb of Serb blood / ...and he comes not to fight at Kosovo / May he never have the progeny / His heart desires, neither son not daughter; / Beneath his hand let nothing decent grow / ...Until his name shall be extinguished!', zit. n. ROUDOMETOF, Invented Traditions, S. 448.

[77] Der ursprüngliche Titel lautet: „Programm der auswärtigen und nationalen Politik Serbiens Ende 1844".

alten Grundlage des serbischen Kaiserreiches wieder einen neuen großen serbischen Staat aufbauen und errichten kann".[78] Garašanin geht es um die Stärkung und territoriale Erweiterung des serbischen Staates. Das osmanische Bosnien-Herzegowina, dessen multiethnische Verfasstheit völlig ignoriert wird, gilt ihm dabei als das primäre Expansionsfeld. Neben dem von Karadžić favorisierten Nationalitätenprinzip tritt hier das „historische Recht" als die zweite Hauptlegitimationsfigur des serbischen Nationalismus hervor. Das serbische historische Staatsrecht wird verstanden als das Recht auf die Territorien, die ehemals zu dem mittelalterlichen Kaiserreich Zar Dušans gehörten, dem *dušanovo carstvo*, in dessen ungebrochener Tradition der serbische Staat stünde: *„(...) und darum steht das Serbentum, seine Nationalität und sein staatliches Leben, unter dem Schutz des heiligen historischen Rechtes. Unserem Streben kann man nicht vorwerfen, dass es etwas Neues, Unbegründetes, dass es Revolution und Umsturz sei, sondern jeder muss anerkennen, dass es politisch notwendig ist, dass es in sehr alter Zeit begründet wurde und seine Wurzel im ehemaligen staatlichen und nationalen Leben der Serben hat (...)."*[79]

Der Grundtenor des „Načertanije" ist zweifellos nationalistisch und zielt auf einen unabhängigen großserbischen Nationalstaat. Hinsichtlich der Expansionspläne ist die Schrift allerdings lediglich im Falle Bosnien-Herzegowinas eindeutig. Zu den Konnationalen in Österreich und Ungarn sollen dagegen nur freundschaftliche Beziehungen gepflegt und die Kommunikation mit Hilfe von Zeitungen und Vereinen intensiviert werden. Der Umstand, dass außer Bosnien-Herzegowina kein weiteres Gebiet für die Vereinigung mit dem Fürstentum Serbien vorgesehen war, unterscheidet den Nationalismus des „Načertanije" von den großserbischen Zielen der Jahrhundertwende, die unverblümt eine Einverleibung Mazedoniens, Montenegros, Nordalbaniens und österreich-ungarischer Regionen forderten.[80] Es lassen

---

[78] Zitate nach BEHSCHNITT, Nationalismus, S. 70f.
[79] Zitat nach BEHSCHNITT, ebd., S. 72.
[80] Solche expansionistischen Pläne hätten Mitte des 19. Jahrhunderts nicht, jedenfalls nicht von offizieller serbischer Regierungsseite, benannt werden können, ohne mit erheblicher Kritik und Sanktionen seitens der benachbarten Staaten belegt zu werden. Das Načertanije war jedoch ein nur für den Fürsten vorgesehener Geheimbericht, der erst 1906 veröffentlicht worden ist. Es kann davon ausgegangen werden, dass, hätte Garašanin diese Ziele für richtig gehalten, er sie auch benannt hätte.

sich noch weitere Hinweise im „*Načertanije*" finden, die auf einen noch nicht voll entwickelten großserbischen Nationalismus verweisen: So werden z. B. die altserbischen und mazedonischen Gebiete, die Kernregionen des *dušanvo carstvo*, überhaupt nicht erwähnt. Interessant ist auch die Beurteilung der serbischen Bevölkerung in der ungarischen Vojvodina: *„Auf den ersten Blick sollte man meinen, dass Serbien mit diesen Gebieten in sehr freundschaftlicher Verbindung steht. Denn nach Abstammung, Sprache, Glaube, Recht und Sitte sind sie ein- und dieselben wie die serbischen in Serbien. Wenn das nicht so ist, dann trifft Serbien wenigstens zum Teil die Schuld dafür, weil es sich nicht genügend darum bemüht hat, die Freundschaft dieser Serben zu gewinnen (...) Aber man sollte hoffen, dass dieses fehlerhafte Verhältnis (...) verbessert werden wird, und zwar in dem Maße, in dem sich das Fürstentum Serbien mehr und mehr als gut geordneter und entwickelter Staat zeigt."*[81] Diese Äußerung Garašanins lässt vermuten, dass ein virulenter Vereinigungs-Nationalismus bei den ungarischen Serben bis zu diesem Zeitpunkt noch nicht vorhanden war.[82] Außerdem unterstreicht sie die Rolle herrschaftlicher Maßnahmen bei der Entstehung von Nationalismus und dem Erwecken von Nationalgefühlen.

In der zweiten Hälfte des 19. Jahrhunderts wächst jedoch das Nationalbewusstsein der serbischen Bevölkerung innerhalb wie außerhalb des Fürstentums, abzulesen an der zunehmenden Zahl nationalistisch ausgerichteter Vereine, Organisationen und Studentenverbindungen. Am bedeutendsten war die 1866 im ungarischen Novi Sad gegründete *Ujedinjena omladina srpska* (Vereinigte serbische Jugend). Die *Omladina* war ein locker organisierter Verband von Serben unterschiedlicher Staaten, der sich für eine kulturelle Vereinheitlichung und Förderung des „Serbentums" auf literarischem Gebiet engagierte.[83] Ihre Mitglieder, überwiegend Angehörige der kleinen

---

[81] Zitat nach BEHSCHNITT, Nationalismus, S. 80.
[82] Eine vojvodinisch-serbische Identität und ein darauf basierender Nationalismus war Mitte des 19. Jahrhunderts durchaus vorhanden, Garašanin beklagt aber die fehlende „all-serbische" Identität. Zum Nationalismus der serbischen Minderheit in Ungarn vgl. Mirjana GROSS, Einfluss; BEHSCHNITT, Nationalismus, S. 111-135.
[83] Die kulturelle Orientierung kommt deutlich in dem Gründungsdokument von 1866 zum Ausdruck. Aufgabe der *Omladina* sei es *„sich zu vervollkommnen, das nationale Leben in allen seinen Zweigen zu wecken, Methoden zur Verbesserung der materiellen Lage des Volkes aufzuweisen und so die Arbeit der Kirche, Schule und der gelehrten Gesell-*

Schicht des liberalen Bürgertums und der Intelligenzija, orientierten sich stark an dem demokratisch gefärbten west- und mitteleuropäischen Risorgimento-Nationalismus und Mazzinis *„Giovane Italia"*. Zwar strebte die *Omladina* eine politische Vereinigung aller Serben offiziell nicht an und verzichtete explizit auf ein politisches Engagement, doch großserbische und irredentistische Ideen wurden auch in ihrem Umkreis diskutiert. Dazu gehörte vor allem die missionarische Vorstellung vom Fürstentum Serbien als dem „Piemont" aller Serben, das nach italienischem und preußischem Vorbild die Kernregion eines zu schaffendem unabhängigen Großserbiens sein müsse.

Viele Mitglieder der *Omladina* waren mit dem kulturellen Schwerpunkt der Organisation nicht einverstanden und drängten zu politischer Aktivität.[84] Unter ihnen sticht besonders Svetozar Marković (1846-1875) hervor, der als einer der ersten eine Verbindung zwischen nationaler Emanzipation und Lösung der sozialen Frage herstellte. Die bäuerliche Dorfgemeinschaft romantisierend, plädierte Marković für eine Umgestaltung Serbiens im Sinne einer agrarsozialistischen Ordnung. Das nach wie vor überwiegend ländlich geprägte Serbien könnte gemäß dieser Konzeption die kapitalistische Entwicklungsstufe überspringen und nach erfolgreicher Revolution in eine freie bäuerliche Gesellschaft umgewandelt werden. Wesentliche Vorraussetzung für die soziale Emanzipation sei die Befreiung von jeglicher Fremdherrschaft und damit die nationale Emanzipation. Marković war zwar leidenschaftlicher Anhänger des Nationalitätenprinzips, misstraute aber den nationalistischen Konzepten seiner liberalen und konservativen Gegner: *„Das Nationalitätsprinzip verzichtet auf alle historischen Rechte."*[85] Das historische Staatsrecht und die Berufung auf das *dušanovo carstvo* diente für ihn lediglich den Interessen der herrschenden Schicht und dem Erhalt des innergesellschaftlichen Status quo. Außerdem würde ein so legitimiertes Großserbien nur neue Unterdrückung schaffen. Im Wissen um die Problematik der ethnischen Verzahnung des südöstlichen Europas lehnte er eine Ordnung nach nationalstaatlichen Kriterien generell ab. Statt dessen wird die Gründung eines föderativen

---

schaften nachzuholen." Die Aufgaben seien zu erreichen *„durch Studium des Volkes, Verbreitung von Wissenschaft und Kunst in allen Schichten des Volkes"*, zit. n. BEHSCHNITT, ebd., S. 121, Anm. 30.

[84] Die internen Auseinandersetzungen darüber, ob die *Omladina* auch politische Aktivitäten entfalten sollte, war mit ein Grund dafür, dass sich die Organisation 1872 auflöste.

[85] BEHSCHNITT, Nationalismus, S. 142.

"Bundes freier Menschen aller Nationen auf der Balkanhalbinsel und überhaupt in Südosteuropa"[86] favorisiert, in dem die nationalen und religiösen Unterschiede nur eine untergeordnete Bedeutung hätten. Aber auch bei dem „linken" Nationalisten Marković ist ein Sendungsbewusstsein vorhanden, wenn er nämlich den Serben bei der Schaffung dieses Bundes eine führende Rolle zuweist.[87]

3.2.1.3 Der Nationalstaat Serbien

Die verstärkte nationale Orientierung des Staates äußerte sich auch im kulturellen Bereich. In den 1850er Jahren wurde eine Nationalbibliothek sowie ein Nationalmuseum eröffnet, in den 1860er Jahren folgte die Gründung der Königlichen Akademie der Wissenschaften und die Anstrengungen zur Sprachvereinheitlichung gipfelten 1868 in der offiziellen Anerkennung der Rechtschreibreform Karadžićs durch den serbischen Staat. An der Nationalisierung des öffentlichen Lebens war aber auch die orthodoxe Kirche beteiligt. Es kann keine Rede davon sein, dass die Religion zu Gunsten der Nation an Einfluss verlor, vielmehr arbeitete die Kirche bewusst an einer Gleichsetzung von Serbentum und Orthodoxie, sie sah sich selbst als Hüterin der serbischen nationalen Identität und sorgte im Alltag für zahlreiche Schnittstellen zwischen Religion und Nation.[88] Am deutlichsten wird diese gegenseitige Ergänzung aber in der Verknüpfung des St. Vitus-Kultes mit dem Kosovo-Mythos und in der nationalistischen Aufladung beider Symbole. Die 1872 eingeführte serbische Nationalhymne entstammte z. B. einem Musical, das die St. Vitus-Legende behandelte, und das fünfhundertjährige Jubiläum der Kosovo-Schlacht wurde 1889 mit einer großen orthodoxen Messe begangen. Sie endete mit einem Gebet des Metropoliten, in der er die Märtyrer der Schlacht aufforderte, sich bei Gott für die Wiederauferstehung des serbischen Reichs und die Vereinigung der serbischen Nation einzusetzen.[89]

Die zunehmende nationalistische Rhetorik seit Mitte des 19. Jahrhunderts fand parteiübergreifend Resonanz. Insbesondere bei der politischen

---

[86] Ebd., S. 148.
[87] Ebd., S. 147.
[88] So war z. B. die Nennung der mittelalterlichen serbischen Könige ein Teil der kirchlichen Liturgie, BANAC, National Question, S. 67f.
[89] ROUDOMETOF, Invented Traditions, S. 452f, 455.

Führung, die stets um die Stärkung des Staates bemüht war und das Ziel einer Unabhängigkeit verbunden mit territorialer Expansion nicht aus den Augen verlor. Ihre diesbezüglichen Anstrengungen nahmen an Intensität umso mehr zu, je stärker sich die Unabhängigkeitsbestrebungen und der Nationalismus der benachbarten Nationen bemerkbar machte. Die offensichtliche Schwäche der osmanischen Zentralmacht provozierte die benachbarten Großmächte, insbesondere Österreich-Ungarn und Russland, immer unverhohlener Ansprüche auf osmanisches Territorium zu stellen. Nicht zuletzt dieser Umstand, in erster Linie aber wohl eigene Expansionspläne, veranlassten die serbische Führung dazu, einen Großteil des Staatshaushalts für das Militär zu reservieren.[90] Investitionen in Bildung, Wirtschaft und Infrastruktur blieben aber minimal, so dass die serbische Gesellschaft in der zweiten Hälfte des 19. Jahrhunderts immer noch einen geringen Alphabetisierungsgrad aufwies[91] und überwiegend agrarisch geprägt blieb. Eine Entwicklung hin zu einer kapitalistischen Ökonomie fand in Serbien nur äußert langsam statt. Trotz der landwirtschaftlichen Reformen der 1830er Jahre verharrte die serbische Gesellschaft in der traditionellen ländlichen Wirtschafts- und Sozialverfassung. In ihrem Mittelpunkt stand die *zadruga*, eine auf Verwandtschaft gründende, oft bis zu 30 Personen zählende Hauskommunion und Rechtsgemeinschaft, die sich durch ungeteiltes Eigentum und kollektive Wirtschaftsweise auszeichnete.[92] Das Festhalten an dieser Familienform verhinderte das Entstehen einer kapitalistischen Ökonomie auf dem Lande und verlangsamte so auch die marktwirtschaftliche Entwicklung des gesamten ökonomischen Sektors. Handel und Gewerbe wurden zusätzlich durch restriktive Gesetze und Zunftordnungen eingeschränkt, die zum Teil bis weit in das 20. Jahrhundert beibehalten wurden.[93]

---

[90] 1863 gibt es bereits 90 000 Soldaten bei einer Gesamtbevölkerung von 1,138 Millionen, eine allgemeine Wehrpflicht folgt erst 1883, JELAVICH, Establishment, S. 65, 188.
[91] 1866 konnten nicht mehr als 4,2% der Bevölkerung lesen und schreiben, 1900 waren es erst 17%, ROUDOMETOF, Invented Traditions, S. 451.
[92] Die *zadruga* war die vorherrschende ländliche Sozialform nicht nur innerhalb der serbischen Grenzen. Sie kennzeichnete die Lebensgewohnheiten in vielen Regionen des südöstlichen Europas, auch in Kroatien, vgl. Hannes GRANDITS, Familie und sozialer Wandel im ländlichen Kroatien, Wien, Köln, Weimar 2002, S. 22-28, 149f.
[93] Ausführlich zur ökonomischen Modernisierung Serbiens im 19. Jahrhundert vgl. CALIC, Sozialgeschichte Serbiens; dies., Probleme nachholender Entwicklung in Serbien

Die ökonomische „Rückständigkeit" war möglicherweise auch ein Grund für den staatlichen Expansionismus, der in der zweiten Hälfte des Jahrhunderts deutlich hervortrat. Das militärische Potenzial Serbiens wurde zum ersten Mal ernsthaft im serbisch-osmanischen Krieg 1875/76 auf die Probe gestellt. Als 1875 in Bosnien-Herzegowina ein Aufstand gegen die osmanische Zentralmacht ausbrach und kurze Zeit später auch in Bulgarien, griff Serbien zusammen mit dem ebenfalls nach der Eigenstaatlichkeit strebenden Montenegro in die Kämpfe ein. Die regulären serbischen Armeen wurden unterstützt durch eine Vielzahl von serbischen Freiwilligen aus dem Umkreis der *Omladina*, die schon Jahre vorher auf eine antiosmanische Erhebung und eine Angliederung an das Fürstentum hingearbeitet hatten.[94] Serbien verlor den Krieg und konnte nur durch die diplomatische Intervention Russlands, die serbische Schutzmacht seit dem Aufstand Karadjordjes, vor einer osmanischen Besetzung bewahrt werden. Das serbische Kriegsziel einer Angliederung Bosniens war in weite Ferne gerückt.

Zu diesem Zeitpunkt war das südöstliche Europa schon längst zur Interessensphäre der europäischen Großmächte geworden, die aufmerksam die politischen Entwicklungen verfolgten und beeinflussten. Zunächst noch um die Wahrung des Status quo im südöstlichen Europa besorgt, versuchten sie die weiter schwelende bosnische Krise mit diplomatischen Interventionen und Reformvorschlägen an die Adresse Konstantinopels beizulegen. Als sich die Pforte jedoch uneinsichtig zeigte, griff Russland 1877 das Osmanische Reich an. Der Krieg endete 1878 mit dem Sieg der russischen Armeen, allerdings fast ohne Beteiligung anderer Staaten des südöstlichen Europas. Der Friede von San Stefano sah zwar für Serbien, Montenegro und Rumänien die Unabhängigkeit vor, verschaffte ihnen aber fast keine Territorialgewinne. Stattdessen konfrontierte er sie mit dem übermächtigen Einfluss Russlands in ihrer direkten Nachbarschaft. Denn nach dem Friedensvertrag war ein dem osmanischen Reich tributpflichtiges Fürstentum Bulgarien geplant. Dieses *San-Stefanska-Balgarija* sollte nicht nur zwei Jahre unter russischer Militärverwal-

---

(1830-1941), in: Archiv für Sozialgeschichte 34 (1994), S. 63-83. Umfangreiches statistisches Material liefert SUNDHAUSSEN, Historische Statistik.

[94] Das ehemalige Mitglied der Omladina, Svetozar Miletić, gründete 1871 die „*Družina za oslobodjenje i ujedinjenje srpsko*" (Verein für die serbische Befreiung und Vereinigung) als geheime revolutionäre Organisation zur Vorbereitung eines Aufstandes in Bosnien-Herzegowina, BEHSCHNITT, Nationalismus, S. 123.

tung stehen, sondern es war auch die Erweiterung des Territoriums um die gesamte Region Makedonien vorgesehen, einem Gebiet, das von serbischen, bulgarischen und griechischen Nationalisten gleichermaßen beansprucht wurde.[95]

Der Friede von San Stefano wurde auf dem Berliner Kongress von 1878, auf dem außer dem Osmanischen Reich kein Land des südöstlichen Europas Mitspracherechte besaß, revidiert. Das Ergebnis der Beratungen war die Reduzierung der vorgesehenen Präsenz russischer Truppen in Bulgarien und der Verbleib Makedoniens im Osmanischen Reich. Serbien, Montenegro und Rumänien behielten ihre Unabhängigkeit, sahen sich aber mit dem gewachsenen Einfluss der Habsburger Monarchie konfrontiert: Bosnien-Herzegowina wurde durch österreichisches Militär besetzt und österreichische Behörden übernahmen die Verwaltung des *sancàk* Novi Pazar, einer Region, die Serbien von Montenegro trennte.

Trotz der gewährten Unabhängigkeit waren die serbischen Nationalisten von den Ergebnissen des Berliner Kongresses enttäuscht. Nicht nur blieben die erhofften Gebietsgewinne aus, die Chancen auf Expansion nach Bosnien waren geringer denn je. Darüber hinaus hatte Russland mit der klaren Favorisierung Bulgariens und der mangelnden Unterstützung Serbiens im Krieg von 1876 die jahrzehntelange Schutzmachtrolle aufgegeben. Die serbische Führung orientierte sich notgedrungen an ihrem anderen starken Nachbarn, der Habsburger Monarchie. Der Schwerpunkt des serbischen Expansionismus verlagerte sich nun zu den altserbischen und mazedonischen Gebieten, die nach wie vor unter osmanischer Kontrolle standen. Der politische Kurswechsel machte sich auch im ökonomischen Bereich bemerkbar. Österreich-Ungarn wurde zum Haupthandelspartner, der ca. 82% aller serbischen Exporte abnahm, fast ausschließlich landwirtschaftliche Produkte. Im Gegen-

---

[95] Schon 1868 wurde in Serbien ein „Komitee für serbische Schulen und Lehrer in Altserbien und Makedonien" gegründet, Gebiete, die zu diesem Zeitpunkt noch unter osmanischer Herrschaft standen, Katrin VÖLKL, Makedonien/Mazedonien, in: WEITHMANN (Hrsg.), Balkan, S. 218-252, hier S. 225. Die Initiative zu einer kulturellen Homogenisierung der makedonischen Bevölkerung im Sinne eines serbischen, bulgarischen oder griechischen Nationalismus ging vor allem von den jeweiligen Nationalkirchen aus. Der bulgarische Nationalismus profitierte besonders von der Gründung des bulgarischen Exarchats 1870, Fikret ADANIR, Die Makedonische Frage, S. 42f.

zug lieferte die Monarchie 77% der serbischen Importe, zum überwiegenden Teil handwerkliche Güter und Industrieprodukte.[96]

Innenpolitisch gewann in Serbien, seit 1883 ein Königreich, das Spektrum politischer Parteien an Vielfalt. Die „Radikale Volkspartei" (NRS, *Narodna Radikalna Stranka*) des Nikola Pasić, die sich als erste politische Gruppierung für die Interessen der Landbevölkerung einsetzte, propagierte einen antiwestlichen, an den agrarsozialistischen Ideen Markovićs orientierten Kurs.[97] Sie opponierte gegen den pro-österreichischen Kurs der Regierung und sympathisierte mit dem zu dieser Zeit vor allem in Russland populären Panslawismus. Viele ihrer Mitglieder beteiligten sich 1885 an einem Aufstand in dem Bezirk Timak. Die Rebellion, die sich an dem Vorhaben der serbischen Regierung entzündet hatte, alle im Privatbesitz befindlichen Waffen einzuziehen, wurde niedergeschlagen. Trotz der folgenden Repressionswelle gegen die NRS stieg die Popularität der Partei: Bei den Wahlen zu einem neuen Parlament 1888 konnte sie fünf Sechstel des neu gewählten Parlaments stellen.

Die Bevölkerung nahm im ausgehenden 19. Jahrhundert immer spürbarer am politischen Geschehen teil. Eines der öffentlich am intensivsten diskutierten Themen in Serbien um die Jahrhundertwende waren die Skandale der Obrenović-Dynastie. Einen vorläufigen Höhepunkt bildete 1887 das offene Zerwürfnis zwischen Milan Obrenović und seiner Frau Natalia und ihre anschließende Scheidung. Die zunehmende Kritik veranlasste Milan 1889 zu Gunsten seines dreizehnjährigen Sohnes Alexander abzudanken. Eine seiner letzten Amtshandlungen war 1888 die Einführung einer neuen, demokratischeren Verfassung.

Auch unter der Regentschaft Alexanders (1889-1903) blieben die dynastischen Probleme das Gesprächsthema Nummer Eins. Nicht nur, dass der Streit zwischen den Eltern weiterhin öffentlich ausgetragen wurde, 1897 sorgte Alexander selbst für einen Skandal, der ihn schließlich das Leben kosten sollte. Der Monarch begann eine Affäre mit Draga Mašin, der ehemaligen Hofdame seiner Mutter. Sie war als „Intrigantin" verrufen und die Liaison traf auf Kritik von allen Seiten. Um das Ansehen Serbiens und der Dynastie besorgt, wurde Alexander gedrängt die Verbindung aufzugeben. Die Sympa-

---

[96] JELAVICH, Establishment, S. 187.
[97] Vgl. BANAC, National Question, S. 154.

thien für den König, dessen Regentschaft immer deutlicher autokratische Züge annahm, wurden von Tag zu Tag weniger. Gerüchte und Skandalmeldungen über sein Privatleben häuften sich und 1903 nutzte eine Gruppe von Offizieren Alexanders Legitimationsverlust für einen Staatsstreich. Die Verschwörer ermordeten sämtliche Mitglieder der königlichen Familie, den Premier sowie den Kriegsminister, insgesamt 120 Menschen. Der Putsch bedeutete das Ende der Dynastie Obrenović. Als König wurde Peter I. Karadjordjević (1903-1921) eingesetzt, Sohn des von 1842-1858 regierenden Fürsten Alexander.

Die neue Regierung, überwiegend Mitglieder der NRS, führte die 1894 von Alexander abgeschaffte liberale Verfassung von 1888 wieder ein und stärkte damit das Parlament und die demokratischen Institutionen. Außerdem beendete sie die Kooperation mit Österreich-Ungarn und orientierte sich erneut an Russland. Die Abkehr von der Habsburger Monarchie beeinträchtigte die ökonomischen Beziehungen enorm. Sie erreichten einen ersten Tiefpunkt in dem österreichischen Boykott von Viehimporten aus Serbien, bekannt geworden als „Schweinekrieg". Die Beziehungen verschlechterten sich erneut mit der endgültigen Annexion des mehrheitlich von orthodoxen Serben besiedelten Bosnien-Herzegowina durch Österreich-Ungarn im Jahre 1908.[98] Die Expansion nach Westen – seit dem erneuten Kurswechsel von 1903 stand Bosnien wieder im Zentrum der serbischen Irredenta – schien nun endgültig unmöglich geworden zu sein.

Für die national gesinnte Bevölkerung bedeutete die Annexion eine Katastrophe. In dieser Zeit erlebte der großserbische Nationalismus erheblichen Aufschwung. In den Städten waren antiösterreichische Massendemonstrationen an der Tagesordnung. Zeitungen und Flugblätter forderten offen den Krieg gegen die Donaumonarchie, deren „Drang nach Osten" aufgehalten werden müsse. In der aufgeheizten öffentlichen Stimmung gründeten sich in vielen Orten Serbiens spontan Ausschüsse, die wenig später zu einer einheitlichen Organisation zusammengefasst wurden, der *Narodna Odbrana* (Natio-

---

[98] Nach einer österreichischen Volkszählung von 1885 lebten in Bosnien-Herzegowina 37% Muslime (492 710), 43% orthodoxe Christen (571 250) und 20% römisch-katholische Christen (265 788). Der Zensus von 1910 registrierte 32% Muslime, 43% Orthodoxe, 23% Katholiken und steigende absolute Zahlen bei allen drei Bevölkerungsgruppen, Aydin BABUNA, Die nationale Entwicklung der bosnischen Muslime, Frankfurt a. M. 1996, S. 42f.

nale Verteidigung). Unter der Parole „Alle fürs Serbentum und für das Vaterland" betrieb die erste nationalistische Massenorganisation Serbiens die Anwerbung, Ausrüstung und Ausbildung von Partisanen, die als *komitadži* in Bosnien-Herzegowina für die Befreiung der Konnationalen kämpfen sollten.[99] Nachdem die Großmächte, insbesondere Russland, auf dessen Beistand die Nationalisten gehofft hatten, der österreichischen Einverleibung Bosnien-Herzegowinas zugestimmt hatten, musste die serbische Regierung von den militärischen Plänen Abstand nehmen und die Kriegstreiberei der *Narodna Odbrana* zügeln. Sie blieb als Organisation bestehen, verlagerte ihren Schwerpunkt aber auf kulturelle Arbeit, ohne dabei den nationalistischen Impetus zu verlieren: *„Die Tätigkeit (...) hat zum Inhalt die Vorbereitung des Volkes zum Kampfe nach allen Richtungen nationaler Tätigkeit, und zwar gemäß den heutigen Zeitanforderungen. Es ist vor allem die Arbeit für die Stärkung des Nationalbewusstseins, die Entwicklung des Rittertums (körperliche Stählung), die wirtschaftliche und gesundheitliche Wohlfahrt des Volkes, seine kulturelle Hebung usw., soweit auf allen diesen Gebieten neben dem Staate der einzelne und die Gesellschaft mitwirken kann und muss."*[100]

Personell eng verflochten mit der *Narodna Odbrana* war die nationalrevolutionäre Geheimorganisation *Ujedinjenje ili smrt* (Vereinigung oder Tod), die sich ebenfalls unter dem Eindruck der Annexion Bosnien-Herzegowinas gegründet hatte. Beiden Organisationen gemeinsam war der großserbische Irredentismus und die völlige Ignoranz der multiethnischen – und seit Mitte des 19. Jahrhunderts immer mehr auch der multinationalen – Verfasstheit der dem künftigen Großserbien anzugliedernden Gebiete (Bosnien-Herzegowina/Mazedonien/Vojvodina). Viele Mitglieder der *Ujedinjenje ili smrt*, überwiegend Angehörige des serbischen Offizierskorps, waren schon an dem

---

[99] In einer Broschüre von 1911 formuliert die *Narodna Odbrana* Programmatik und Selbstdarstellung. Das „Vergehen" Österreich-Ungarns wird klar benannt: *„In einer solchen Zeit bedrückte Österreich-Ungarn neben andern Völkern auch einige Millionen Serben, peinigt sie und ist bestrebt, sie uns zu entfremden. Sie dürfen sich nicht offen Serben nennen, dürfen ihre Heimstätten nicht mit der serbischen Trikolore schmücken; sie dürfen nicht freien Handel treiben, ihren Acker bebauen, serbische Schulen errichten, dürfen nicht offen das Hauspatronsfest (Slava) feiern und von Kossovo, vom Königssohn Marko und Milosch Obilitsch singen. Nur ein solcher Staat, nur Österreich-Ungarn war fähig, diese Annexion durchzuführen.",* zit. n. „Die Narodna Odbrana", in: Die Kriegsschuldfrage 5 (1927), S. 192-225, hier S. 193.

[100] So das Programm der „neuen" Narodna Odbrana, ebd., S. 200.

Putsch von 1903 und dem Guerillakrieg serbischer *komitadži*-Einheiten im osmanischen Mazedonien seit 1904 beteiligt. Ihre eigentliche Berühmtheit verdankt die auch als „Schwarze Hand" bekannt gewordene Organisation ihrer Verstrickung in das Attentat von Sarajewo im Juni 1914. Der Tag, den der bosnisch-serbische Attentäter für den folgenschweren Anschlag wählte, war für den serbischen Nationalismus besonders symbolträchtig. Es war der 28. Juni, der serbische Nationalfeiertag, an dem der verlorenen Schlacht auf dem *Kosovo polje* gedacht wurde.

Ebenso wie die serbische Regierung und die serbischen Nationalisten musste auch das Osmanische Reich, das durch die jungtürkische Revolution von 1908 militärisch und logistisch geschwächt war, die Einverleibung Bosnien-Herzegowinas hinnehmen. Die europäischen Besitzungen des Osmanischen Reichs beliefen sich nach 1908 nur noch auf Mazedonien und das albanische Territorium, da gleichzeitig mit der Annexion Bosnien-Herzegowinas, und nach Absprache zwischen Sofia und Wien, auch Bulgarien seine Unabhängigkeit erklären konnte. Über die verbliebenen Gebiete hatte die Pforte faktisch keine Kontrolle mehr. Die jungen Nationalstaaten Serbien, Montenegro, Bulgarien und Griechenland vereinigten sich 1912 zum „Ersten Balkanbund", um die osmanischen Besitzungen untereinander aufzuteilen. Serbische Kriegsziele waren die Einverleibung von makedonischem Territorium und der Zugang zur Adria, der nur durch Eroberung albanisch besiedelten Gebiets möglich gewesen wäre. Es gelang den Verbündeten zwar relativ schnell, die osmanischen Truppen zu besiegen, jedoch konnten sie sich nicht über die Aufteilung insbesondere des makedonischen Territoriums einigen. Dem im Mai 1913 beendeten ersten Balkankrieg folgte deshalb im Juni 1913 der zweite Balkankrieg. In diesem Konflikt kämpfte Bulgarien gegen die Übermacht der Armeen Serbiens, Griechenlands, Montenegros, Rumäniens und des Osmanischen Reichs. Im August 1913 beendete der Friede von Bukarest den wiederbelebten bulgarischen Traum eines *San-Stefanska-Balgarija*. Statt dessen erhielt Bulgarien nur einen kleinen Teil Makedoniens. Serbien und Griechenland dagegen konnten ihr Territorium erheblich vergrößern. Das serbische Kriegsziel eines Zugangs zur Adria wurde allerdings nicht erreicht: Um den Machtzuwachs des serbischen Staates zu verhindern, hatten Österreich-Ungarn und Italien die Gründung des unabhängigen Fürstentums Albanien durchgesetzt.

Nach dem zweiten Balkankrieg waren die osmanischen Besitzungen in Südosteuropa fast vollständig unter den Nachbarstaaten aufgeteilt. In den Folgejahren hatten insbesondere die verbliebenen Muslime unter nationalistischen Übergriffen und staatlicher Repression zu leiden. Aber auch andere nationale Minderheiten waren Opfer der hemmungslosen Homogenisierungs- und Vertreibungspolitik, die Serbien, Bulgarien und Griechenland schon vor dem Krieg angefangen und nach Friedensschluss noch intensiviert hatten. Der Staat Serbien ging gestärkt aus den Kriegen hervor, doch die serbisch besiedelten Gebiete der Donaumonarchie standen während der Balkankriege nicht zur Disposition. Die „unerlösten" Serben in Österreich-Ungarn, dem „neuen Türken aus dem Norden",[101] bildeten weiterhin den zentralen Bezugspunkt des serbischen Nationalismus.

3.2.2 Kroatischer Nationalismus im 19. Jahrhundert

Der kroatische Nationalismus des 19. Jahrhunderts weist einige auffällige Abweichungen zum serbischen Nationalismus auf. Der entscheidendste strukturelle Unterschied ist wohl der Umstand, dass sich die kroatische Nation nicht vor dem Hintergrund und mit der Unterstützung eines eigenen Staates entwickeln konnte. Als sich in der ersten Hälfte des 19. Jahrhunderts die kroatische Nation herausbildete, waren die kroatischen Gebiete auf mehrere administrative Einheiten verteilt: Innerhalb der Habsburger Monarchie gehörte Kroatien und Slawonien verwaltungsrechtlich zum ungarischen, Dalmatien und Istrien zum österreichischen Teil, während das Gebiet der Militärgrenze eine gesonderte Einheit bildete, die unter österreichischer Militärverwaltung stand. Schließlich gehörten Teile Dalmatiens zu Venedig[102] und Bosnien-Herzegowina zum Osmanischen Reich. Die Regionen unterschieden sich nicht nur durch die Art der Herrschaft, sondern auch hinsichtlich sozialer Schichtung, ethnischer Zusammensetzung,[103] Urbanisierung und wirtschaftli-

---

[101] Ebd., S. 210.
[102] Nach dem Wiener Kongress von 1815 wurden die venezianischen Besitzungen in Dalmatien wieder Habsburg als österreichisches Kronland zugesprochen. Der dalmatinische Adel blieb italienisch dominiert und sprach sich noch 1861 gegen eine Vereinigung mit Kroatien und Slawonien aus.
[103] Für die erste Hälfte des 19. Jahrhunderts liegen keine verlässlichen Zahlen bezüglich der Größe und dem quantitativen Verhältnis der südslawischen Ethnien innerhalb der Donaumonarchie vor. Auch für die zweite Hälfte des 19. Jahrhunderts ist das Zahlen-

cher Entwicklung.[104] Da aufgrund dieser Konstellation lange kein geographisches und politisches Zentrum des kroatischen Nationalismus existierte, kann von einer einheitlichen kroatischen Nationalbewegung nicht gesprochen werden. Je nach Region gestalteten sich die ideologischen Schwerpunkte und Ziele unterschiedlich.[105] Im Zentrum der folgenden Betrachtung steht Kroatien-Slawonien, die Region in der sich der kroatische Nationalismus am frühesten regte. Die hier entwickelten ideologischen Modelle bestimmten maßgeblich den kroatischen Nationalismus des 20. Jahrhunderts.

3.2.2.1 Der Illyrismus

Eine wesentliche Vorraussetzung dafür, dass überhaupt ein starker kroatischer Nationalismus entstehen konnte, war die politisch-kulturelle Kontinuität und Behauptung eines ethnischen kroatischen Herrschaftskerns, der sich vor allem in den ständischen Privilegien (*iura municipalia*), Ämtern und Institutionen des Adels in Zivilkroatien[106] manifestierte. Zu Beginn des 19. Jahrhun-

---

material aufgrund unterschiedlicher demographischer Zuordnungskriterien nicht eindeutig. So wurde im Falle Dalmatiens und Istriens nach der Sprache (Serbo-Kroatisch, Italienisch, Slowenisch) unterschieden, im Falle Kroatien-Slawoniens nach Nationalität. Möglicherweise ein Hinweis auf den mangelnden Willen bzw. die mangelnde „Fähigkeit" der Volkszähler, Serben, Kroaten und Slowenen national differenzieren zu können; ein Hinweis auf die zum Erhebungszeitraum noch geringe Bedeutung des Nationalen als Kategorie der Differenz. Aussagekraft besitzen die Statistiken dennoch: In Kroatien-Slawonien betrug der Anteil der serbischen Bevölkerung zwischen 1850 und 1910 stabil ca. 25%, während die Kroaten ca. 62% der Bevölkerung ausmachten. Im selben Zeitraum standen in Dalmatien ca. 94% serbokroatisch Sprechenden nur ca. 4% italienisch Sprechende gegenüber. In Istrien war der italienische Anteil mit durchschnittlich 37% dagegen relativ hoch. In der Militärgrenze, die erst 1881 vollständig aufgelöst und Zivilkroatien angegliedert wurde, konnten 1850 ca. 50% Kroaten, 32% Serben und 12% Rumänen gezählt werden. Statistiken nach Arnold SUPPAN, Die Kroaten, in: Adam WANDRUSZKA (Hrsg.), Die Habsburgermonarchie 1848-1918, Bd. 3, 1. Teil, Wien 1980, S. 626-733, hier S. 627f.

[104] Ausführlich zum ökonomischen Modernisierungsprozess der einzelnen Regionen und dem Einfluss auf die kroatische Gesellschaft: SUPPAN, ebd., S. 640-693; GROSS, Einfluss; zum Modernisierungsprozess allgemein: dies., Die Anfänge des modernen Kroatien, Wien 1993.

[105] Zu den Besonderheiten der Nationalismusentwicklung in Dalmatien und Istrien ausführlich: Günter SCHÖDL, Kroatische Nationalpolitik und ´Jugoslavenstvo´, München 1990, S. 52f.

[106] Als Zivilkroatien, im Unterschied zu den kroatischen Regionen der Militärgrenze, gilt das Gebiet des „historischen" Kroatiens. Dort, in der ungarischen Banovina, hatten die mittelalterlichen Institutionen wie *Sabor* und *Ban* bis in die Neuzeit Bestand. Die ande-

derts war von einem kroatischen Nationalismus allerdings noch nichts zu spüren. Der kroatische Hochadel war sowohl wirtschaftlich als auch familiär eng mit dem ungarischen und österreichischen Adel verflochten. Einem Wandel, zumal einem nationalistischen, stand er immer skeptisch und ablehnend gegenüber. Als beispielsweise im späten 18. Jahrhundert die österreichischen Modernisierer die Verwaltung reformierten und Deutsch als Amtssprache einführen wollten, kämpfte er zusammen mit dem ungarischen Adel für den Erhalt des Lateinischen. Als ein Vorreiter des kroatischen Nationalismus kam er jedenfalls nicht in Frage.

Die Frühphase des kroatischen Nationalismus begann mit den Versuch, Zivilkroatien und Slawonien wirtschaftlich, kulturell und politisch enger an den ungarischen Reichsteil zu binden. Diese Magyarisierungsbestrebungen entstanden vor dem Hintergrund eines erstarkenden ungarischen Nationalismus und dessen Bemühungen um mehr Autonomie gegenüber der Wiener Zentralmacht.[107] In Kroatien stieß besonders der Versuch, das Ungarische als schulisches Pflichtfach durchzusetzen, auf Empörung und Widerstand. Auf dem Reichstag von 1830 akzeptierten die kroatischen Stände zwar die Einführung des Ungarischen, sie konnten jedoch verhindern, dass Ungarisch auch offizielle Amtssprache wurde. Die Abwehr gegen die Vereinnahmungstendenzen konzentrierte sich in der Folge nur auf den sprachlich-kulturellen und literarischen Bereich. Besondere Bedeutung erlangte die seit Mitte der 1830er Jahre entstandene Bewegung des Illyrismus (*ilirski pokret*).[108] Sie setzte der Magyarisierung allerdings keine kroatische Identität entgegen, sondern propagierte die viel weiter angelegte Gemeinschaft aller habsburgischen Südslawen – Kroaten, Slowenen und Serben. Die soziale Basis des Illyrismus bestand zum größten Teil aus dem die Munizipalrechte verteidigen-

---

ren oben aufgezählten Regionen waren in dem Sinne kroatisch, wie die Bevölkerung dort überwiegend römisch-katholischen Glaubens war und der südslawischen Sprachfamilie angehörte. Die Adelsschicht dort war, außer in Bosnien-Herzegowina, entweder italienisch, ungarisch oder österreichisch dominiert.

[107] Vgl. BANAC, National Question, S. 75f.
[108] Der Begriff geht auf die Illyrer zurück, die in der Antike die Region besiedelt haben und von denen die Südslawen angeblich abstammten. Die Illyrische Bewegung wird ausführlich behandelt bei BEHSCHNITT, Nationalismus, S. 188-228; vgl. auch Holm SUNDHAUSSEN, Der Einfluss der Herderschen Ideen auf die Nationsbildung bei den Völkern der Habsburger Monarchie, München 1973; SCHÖDL, Kroatische Nationalpolitik, S. 13-28.

den mittleren Adel, in geringerem Maße aus Intellektuellen, der dünnen Schicht wohlhabender Händler und dem niederen Klerus. Die des Lesens und Schreibens meist unkundige Landbevölkerung war an der Bewegung weder beteiligt noch wurde sie von ihr gezielt angesprochen.[109] Politische Ziele wie Sezession, Autonomie oder gar die Vereinigung sämtlicher Südslawen in einem jugoslawischen Staat[110] wurden von den Illyrern ebenso wenig formuliert wie Forderungen nach modernisierenden Agrar- bzw. Sozialreformen.[111] Der Schwerpunkt lag auf einer kulturellen Vereinigung und Vereinheitlichung mittels einer gemeinsamen südslawischen Schriftsprache. Die Illyrer favorisierten angesichts der Existenz von drei Varianten des „Illyrischen" bzw. Serbokroatischen den am weitesten verbreiteten Štokavischen Dialekt, der sowohl von der katholisch-kroatischen als auch von der orthodoxserbischen Bevölkerung der Donaumonarchie gesprochen wurde – derselbe Dialekt, der von Karadžić schon als Grundlage für die nationale serbische Sprache gewählt worden ist. Nichtsprachliche Unterschiede zwischen Slowenen, Kroaten, Serben und anderen Südslawen registrierten die Illyrer durchaus. Diese Unterscheidung ist jedoch noch nicht verstanden worden als unvereinbare Differenz zweier Nationen, die in getrennten politischen Einheiten zu leben hatten. Ein enger Nationalismus war den Illyrern fremd. Ljudevit Gaj (1809-1872), der herausragendste Vertreter der Bewegung, bemerkte 1839 in der von ihm herausgegebenen illyrischen Zeitung *„Danica"* (Morgenstern): *„Der Serbe wird nie Kroate oder Krainer, und diese beiden können, weil sie*

---

[109] Über den Alphabetisierungsgrad der kroatischen Bevölkerung zu diesem frühen Zeitpunkt liegen keine Zahlen vor. Erst in der zweiten Hälfte des Jahrhunderts wird der Ausbau des Schulsystems vorangetrieben und statistisch erfasst. Im Gegensatz zu Serbien wächst die Alphabetisierung der Bevölkerung schneller. 1880 konnten 25% der kroatischen Bevölkerung lesen und schreiben, 1910 waren es 52%, ROUDOMETOF, Invented Traditions, S. 451.

[110] Angesichts der „Bedrohung" durch die Magyarisierung versuchten die Illyrer, Österreich als Bündnispartner zu gewinnen und stellten allein schon deswegen den Verbleib in der Monarchie nicht in Frage. Die österreichische Verwaltung, die das ungarischen Autonomiestreben ebenfalls missbilligte, unterstützte anfänglich sogar die illyrische Gegenbewegung, indem sie z. B. die Herausgabe illyrischer Zeitungen erlaubte, vgl. JELAVICH, Establishment, S. 250.

[111] Günter Schödl beschreibt die Illyrier als eine *„sozialkonservative, den bäuerlichen Massen letztlich fremde Patriotengruppe, die trotz zeitweiliger Aktivierung der Öffentlichkeit keine umfassende kroatische Massenbewegung zustande brachte, - zu sehr war ihre Trägerschicht (...) im Festhalten am Status quo der Sozialordnung befangen."*, SCHÖDL, Kroatische Nationalpolitik, S. 20.

es nicht sind, niemals Serben sein (...) Es ist nicht unsere Absicht, die besonderen Namen abzuschaffen, sondern sie unter einem gemeinsamen nationalen Namen zu vereinigen, denn es sind mit jedem besonderen Namen besondere Ereignisse verbunden, die zusammen die allgemeine Geschichte der illyrischen Nationalität ausmachen".[112] Die in dieser Formulierung angelegte Unterscheidung nach objektiven Kriterien war bei den meisten Illyrern anzutreffen. In den späten 1830er und 40er Jahren trug sie dazu bei, dass sich der Illyrismus immer mehr zu einem Kroatismus verfestigte, der einen klaren Ausdruck in Parteien und Organisationen allerdings erst in der nachrevolutionären Zeit fand. Diese Entwicklung wurde dadurch begünstigt, dass der Illyrismus fast ausschließlich ein innerkroatischer Diskurs blieb. Serben und Slowenen beteiligten sich fast gar nicht und pflegten ihre eigenen Nationalismen. Hinzu kam, dass Forderungen nach einer politischen Lösung der „südslawischen Frage" unter dem Eindruck der europäischen Nationalbewegungen und der Julirevolution in Frankreich immer lauter wurden. Als 1848 in der Donaumonarchie die Revolution ausbrach, war die ausschließlich kulturelle Orientierung des kroatischen Nationalismus in Form des Illyrismus beendet.[113]

3.2.2.2 Von der Revolution bis zum Ausgleich: Kroatismus und Jugoslawismus

Als im März 1848 in Zagreb die *„Zahtijevanja naroda"* (Forderungen des Volkes/der Nation)[114] verkündet wurden, war die kroatische Nationalbewegung,

---

[112] Zit. n. BEHSCHNITT, Nationalismus, S. 205.
[113] Den Illyrismus als Form des kroatischen Nationalismus zu bezeichnen ist problematisch, bedenkt man die jugoslawische, auch die Serben und Slowenen miteinbeziehende Konzeption. Der Illyrismus war nicht nur – aber eben auch – eine Frühphase des kroatischen Nationalismus. Darüber hinaus war er auch eine Frühphase des Jugoslawismus, der immerhin bis ins späte 20. Jahrhundert Bestand hatte. Allerdings profitierte von seiner integrativen Wirkung letztlich nur das kroatische Kollektiv. Insbesondere diente die illyrische Bewegung der Verteidigung und Behauptung ständischer kroatischer Munizipalrechte – welche die Serben und Slowenen ja gar nicht besaßen – und trug auf diese Weise langfristig zu einer soziale Grenzen überwindenden nationalen Identität bei. So kann im Rückblick des kroatischen Nationalismus die Epoche des Illyrismus auch als „nationale Wiedergeburt" gewürdigt werden.
[114] Der Begriff *narod* wird in den slawischen Sprachen sowohl für ‚Volk' als auch für ‚Nation' verwendet. Es ist anzunehmen, dass *narod* im Sinne von ‚Nation' erst Mitte/Ende des 19. Jahrhunderts benutzt worden ist. Von dem Begriff kann also nicht automatisch

wenn auch immer noch auf den kleinen Kreis der Adelsnation und der Intellektuellen beschränkt, zumindest in Zivilkroatien zu einer politischen Bewegung geworden. Die Forderungen der Kroaten[115] zielten jedoch nicht auf einen unabhängigen Staat. Ausdrücklich bekannte man sich zur habsburgischen Dynastie. Allerdings sollten Kroatien, Slawonien und Dalmatien zusammen mit dem Gebiet der Militärgrenze zum „Dreieinigen Königreich" verbunden werden, das in einer föderalisierten Monarchie über erweiterte Autonomierechte verfügen sollte. Außerdem verlangte man die Einführung des Serbo-Kroatischen in Unterricht, Verwaltung und kirchlicher Liturgie, sowie die Aufhebung der Leibeigenschaft. Insgesamt war das Reformprogramm von einem für die Revolutionszeit typischen politischen Liberalismus geprägt.[116] Die kroatische Nationalbewegung war wesentlich motiviert durch die von den ungarischen Revolutionären erneut geäußerten Hegemonieansprüche auf kroatisches Territorium. Zwar stellten die Kroaten eine staatsrechtliche Verbindung zu Ungarn nicht grundsätzlich in Frage, doch angesichts des drohenden Verlusts der kroatischen Munizipalrechte ordnete der *Banus* Jelačić (1848-1859) die Beendigung der Beziehungen zu Ungarn an und beauftragte den *Sabor* über die Neugestaltung des ungarisch-kroatischen Verhältnisses zu beraten. Die Kroaten legitimierten diesen Bruch mit dem Hinweis auf die *pacta conventa* von 1102 und die angeblich niemals aufgegebene Unabhängigkeit der kroatischen Adelsnation.[117]

---

auf das Vorhandensein eines Nationalismus geschlossen werden. Zum Wandel und zur Bedeutung des Begriffs vgl. GROSS, Die Anfänge, S. 59.

[115] Wenn im Folgenden von *den* Kroaten oder *den* Serben gesprochen wird, sind damit diejenigen Menschen gemeint, die sich aufgrund eines Nationalbewusstseins an der jeweiligen Nationalbewegung beteiligt haben, nicht jedoch diejenigen, die von ihr als serbisch/kroatisch beansprucht worden sind und als überwiegende Mehrheit dem Nationalismus noch indifferent gegenüber standen. In diesem Sinne soll auch der Begriff der serbischen/kroatischen Nation verstanden werden.

[116] Vgl. SCHÖDL, Kroatische Nationalpolitik, S. 24f.

[117] Die zeitgenössische ungarische Interpretation der *pacta conventa* kann bei Stephan von HORVÁT, Ueber Croatien als eine durch Unterjochung erworbene ungarische Provinz und des Königreiches Ungarn wirklichen Theil, Leipzig 1844, S.39 nachgelesen werden: *„Der weise König (...) ging mit einem großen Heere nach Croatien und Dalmatien, siegte, unterjochte neuerdings die empörten Völker, und nunmehr im Jahre 1102 ließ er in der Kirche der an dem Meere gelegenen Stadt Belgrad [Biograd] sich selbst zum König von Croatien und Dalmatien krönen"* und: *„Diesem gemäß ging also Coloman nicht unterhandeln, sondern siegen in die so vielmal aufrührischen Länder von Croatien und Dalmatien"*, ebd., S. 42. Ein kroatisches Geschichtsbuch von 1994 sieht

Die anti-magyarische und pro-österreichische Grundhaltung teilte die kroatische Nationalbewegung mit den ungarischen Serben, die ebenfalls für eine föderalistische Lösung innerhalb der Monarchie plädierten.[118] Auf dem serbischen Nationalkongress am 14. Mai 1848 in Karlowitz forderten sie ganz im Geiste der illyrischen Idee eine „enge Verbindung"[119] der mehrheitlich serbisch besiedelten Vojvodina mit dem kroatischen „Dreieinigen Königreich". Feindseligkeiten zwischen Kroaten und Serben waren zu diesem Zeitpunkt fast nicht vorhanden und selbst religiöse Differenzen spielten keine Rolle: Die Segnung des *Banus* Jelačić durch den vojvodinischen Patriarchen von Sremski Karlovci war eine feierliche Bestätigung der serbisch-kroatischen Kooperation.

Die Pläne für ein „Dreieiniges Königreich" blieben Utopie. Die ungarische Revolution konnte zwar im Sommer 1849 durch kaisertreue Truppen, zu denen auch die kroatischen und serbisch-vojvodinischen Verbände zählten, niedergeworfen werden, die Autonomiewünsche wurden von der restaurierten Herrschaft jedoch nicht berücksichtigt. An den staats- und verfassungsrechtlichen Grundlagen der Habsburger Herrschaft wurde nach Niederschlagung der Revolution nichts Wesentliches geändert. Die kroatischen Nationalisten, die sich für ihre Loyalität im Krieg gegen Ungarn vom Kaiser Zugeständnisse erhofft hatten, waren bitter enttäuscht. Für die kroatischen Belange, so die Reaktion aus Wien, sei ausschließlich Budapest der Ansprechpartner.

Die folgenden Jahre bis 1861 waren geprägt durch den Neoabsolutismus des österreichischen Innenministers Bach (1849-1859). In ökonomischer und administrativer Hinsicht stand das „System Bach" für die beginnende Modernisierung der südslawischen Regionen, bis zu diesem Zeitpunkt immer

---

denselben Sachverhalt ganz anders und trifft damit die zeitgenössische kroatische Interpretation: *„Drei Jahre nach seiner Niederlage hat Koloman ein Heer gesammelt und begab sich nach Kroatien, aber nicht um es zu unterwerfen, nein, sondern um zu versuchen, mit den Vertretern des antiungarischen Lagers zu übereinkommen, dass diese ihn als Herrscher anerkennen mögen, und im Gegenzug würde er ihnen die Freiheiten und Privilegien garantieren, die sie bis dahin hatten"*, Zitate gefunden bei Oliver BAGARIC, Der kroatisch-ungarische Ausgleich von 1868, Leipzig 2002, http://www.hausarbeiten.de/faecher/hausarbeit/ged/14195.html.

[118] Zum Autonomiestreben und dem Nationsbildungsprozess der vojvodinischen Serben vgl. die Studie von Horst HASELSTEINER, Die Serben und der Ausgleich, Wien, Köln, Graz 1976.

[119] Ebd., S. 21.

noch die wirtschaftlich rückständigsten der Monarchie. Gemäß der oktroyierten Verfassung von 1849 wurden in allen Kronländern die feudalen Grundbesitzverhältnisse und die ständischen Verfassungen abgeschafft, sowie eine Reihe wirtschaftsliberaler Maßnahmen durchgesetzt, so z. B. die Gleichheit vor dem Gesetz, Sicherheit des Privateigentums und freier Eigentumserwerb. Mit der Einführung des Bürgerlichen Gesetzbuches und der Abschaffung der Leibeigenschaft, die schon vom kroatischen *Sabor* 1848 verkündet aber nicht durchgesetzt werden konnte, sind weitere wichtige Bedingungen für eine kapitalistische Entwicklung geschaffen worden.[120]

Die wirtschaftlichen Reformen fanden ihre Ergänzung im administrativen Bereich. Die alte und ineffiziente Feudalverwaltung sollte durch eine vereinheitlichte moderne Bürokratie ersetzt werden, die Gewähr für die ökonomischen Reformen und die politische Kontrolle leisten konnte. Nach Kroatien versetzte deutschsprachige Beamte, die geringschätzig als „Bachianer" oder „Bach-Husaren" bezeichnet wurden, sollten die von oben angeordneten Reformen durchsetzen. Im Zuge dieser Maßnahmen wurde auch Deutsch als Amtssprache eingeführt.[121] Die als Germanisierung empfundene Modernisierung traf bei vielen nationalbewussten Kroaten auf genau die gleiche Ablehnung wie vorher die Magyarisierung. Der Wiener Zentralismus und die Ignoranz gegenüber den kroatischen Forderungen nach Autonomie und Vereinigung führte zu tiefer Resignation und tendenziell zu einem Abrücken von der pro-österreichischen Grundhaltung, die bislang die Nationalbewegung dominiert hatte.

Die Nationalbewegung kam jedoch nicht zum Erliegen. Angesichts der kategorischen Ablehnung der Forderungen von 1848 sowohl durch Österreich als auch durch Ungarn, mussten neue Ziele gesetzt werden. Dabei spaltete sich die Bewegung in den 1850er Jahren in unterschiedliche Zweige auf,[122] die bis 1918 den kroatischen Nationalismus entscheidend prägten. Richtig entfalten konnten sie sich aber erst in dem liberalen Klima der 1860er

---

[120] Zu der ökonomischen Entwicklung in den 1850er und 1860er Jahren vgl. GROSS, Die Anfänge.
[121] Ebd., S. 35. Im Zuge der neoabsolutistischen Reformen wurde auch das Schulwesen modernisiert und ausgeweitet. Dazu gehörte die Einführung des Deutschen als Unterrichtssprache, vor allem in den überwiegend von Franziskanern geleiteten Gymnasien, ebd., S. 53-55.
[122] Vgl. JELAVICH, Establishment, S. 252.

Jahre, nachdem die kaiserliche „Februarverfassung" von 1861 das Ende der neoabsolutistischen Ära eingeläutet und den Weg zu einer föderalisierten Doppelmonarchie freigemacht hatte, die allerdings erst im österreichisch-ungarischen Ausgleich von 1867 verwirklicht worden ist.

Die erste Richtung, der Jugoslawismus, stand ganz in der Tradition des Illyrismus.[123] Auch hier überwog zunächst die kulturell-sprachliche Komponente. Doch im Gegensatz zum Illyrismus, der es größtenteils nur bei der Behauptung einer südslawischen Einheit und dem Appell belassen hatte, nahmen die Jugoslawisten konkrete Schritte zur Herstellung der Einheit vor. Herausragende Vertreter waren der Bischof Josip J. Strossmayer (1815-1905), Gründer der Zagreber „Jugoslawischen Akademie" (1860) und Franjo Rački (1828-1894), nach dessen programmatischem Artikel *Jugoslovjenstvo* (Jugoslawentum) von 1860 die Bewegung ihren Namen hatte.[124] Beide erreichten durch zahlreiche literarische und kulturpolitische Aktivitäten eine Annäherung von Serben und Kroaten und – dies war vor allem Strossmayers Anliegen – eine Verständigung zwischen katholischer und orthodoxer Kirche. Eine politische Vereinigung, geschweige denn eine Sezession sollte nicht offen angestrebt werden, denn *„eine Nation, die sich nach Freiheit und Unabhängigkeit sehnt, muß sich zuerst darum sorgen, daß sie durch kulturelle Institutionen frei und selbständig sein wird"*.[125] Die Pläne der Jugoslawisten waren dennoch wesentlich politischer als die der Illyrer. 1867 ging Strossmayer sogar so weit – letztlich ergebnislos – Geheimverhandlungen mit dem serbischen Innenminister Garašanin zu führen, bei denen es um die Vereinigung der südslawischen Gebiete Habsburgs mit dem Fürstentum Serbien ging.[126] Überhaupt waren politische Aktivitäten bei den Jugoslawisten keineswegs ausgeschlossen. So war Strossmayer Kopf der 1860 gegründeten *Narodna Liberalna Stranka* (Nationalpartei), die bis 1873 das Programm des Jugoslawismus vor *Sabor* und Öffentlichkeit vertrat.

Die zweite Strömung kann im Vergleich zum Illyrismus/Jugoslawismus als radikaler kroatischer Nationalismus oder Kroatismus bezeichnet wer-

---

[123] Ausführlich zum Jugoslawismus: BEHSCHNITT, Nationalismus, S. 229-245; BANAC, National Question, S. 89-91; SCHÖDL, Kroatische Nationalpolitik, S. 47-56.

[124] Zu Račkis Artikel vgl. die Zusammenfassung bei BEHSCHNITT, Nationalismus, S. 232-234.

[125] Strossmayer in einem Brief an Rački, zit. n. BEHSCHNITT, Nationalismus, S. 235.

[126] Ebd. S. 239.

den.[127] Für diese Variante stehen der noch heute als „Vater des Vaterlandes" verehrte Ante Starčević (1823-1896) und sein Mitstreiter Eugen Kvaternik (1825-1871). Es war ein nach politischer Sezession strebender, exklusiver und geschichtsbewusster[128] Nationalismus, der am ehesten mit dem serbischen Nationalismus des 19. Jahrhunderts verglichen werden kann. Sein höchstes Ziel war ein unabhängiger Staat Kroatien, dessen Wiedererrichtung durch das historische Staatsrecht der *iura municipalia* legitimiert wurde. Haupthindernis auf dem Weg zur Unabhängigkeit war die Habsburger Monarchie, weshalb die Österreicher als die eigentlichen Feinde der Kroaten angesehen wurden. Die serbischen Nationalisten, insbesondere Karadžić, waren zwar häufig Opfer polemischer Attacken,[129] ein den Alltag dominierender serbisch-kroatischer Antagonismus kann zu diesem Zeitpunkt aber noch nicht ausgemacht werden. Für Starčević und die Anhänger der von ihm mitbegründeten *Hrvatska Stranka Prava* (Kroatische Rechtspartei) galten die Serben vielmehr als Angehörige der kroatischen Nation, dessen Siedlungsgebiet *„von Albanien bis zu den Alpen, von der Donau und Drina bis zur Adria"* reiche.[130] Auch den Slowenen, die er als „Bergkroaten" bezeichnete, sprach Starčević eine eigene nationale Identität ab. Die Idee einer südslawischen Einheit denunzierte er als österreichische Erfindung, *„um Kroaten, Polen und Tschechen ihrer nationalen Geschichte zu entfremden und mit Hilfe der Furcht Europas und Rußlands vor diesem slawischen Schreckgespenst deren Einwilligung und Hilfe bei der Unterdrückung dieser slawischen Völker zu gewinnen."*[131]

Obwohl Starčević einen exklusiven Nationalismus vertrat, sah er keinen Widerspruch zu demokratischen Ideen. Allgemeines Wahlrecht und Volkssouveränität waren im Programm der Rechtspartei durchgängig enthalten. Mit dem bürgerlichen Nationalismus der Epoche hatte diese Konzeption ebenso

---

[127] Zur Ideologie des Kroatismus ausführlich: BANAC, National Question, S. 85-89; BEHSCHNITT, Nationalismus, S. 246-266.
[128] *"Ohne Eitelkeit ist zu sagen, dass nicht eine einzige, merken Sie sich das, nicht eine einzige heutige lebende Nation Europas in ihrer Vergangenheit eine größere Erhabenheit hat als die kroatische Nation"*, Starčević, zit. n. BEHSCHNITT, ebd., S. 253.
[129] *„The Serbs are a breed fit only for the slaughterhouse"*, *„Serbs to the willows"*, zit. n. Edmond PARIS, Genocide in Sattelite Croatia 1941-1945, Chikago 1962, S. 11.
[130] So definiert Kvaternik 1859 die staatsrechtlich gesicherten kroatischen Grenzen, BANAC, National Question, S. 249.
[131] BEHSCHNITT, Nationalismus, S. 252.

die laizistische, antiklerikale Einstellung gemeinsam. Den katholischen Klerus betrachtete Starčević als Verbündeten Wiens, und die Religion als Unterscheidungsmerkmal wollte er im Hinblick auf seine großkroatischen Pläne nicht akzeptieren: Islamische Bosnier waren ebenso Kroaten wie orthodoxe Serben. Eugen Kvaternik ging sogar so weit, die „orthodoxen Kroaten" als den „reinsten kroatischen Typ" zu bezeichnen.[132] Er war es auch, der 1871 in einem verzweifelten Aufstandsversuch in der Militärgrenze einen unabhängigen kroatischen Staat errichten wollte. Der Aufstand, bei dem Kvaternik ums Leben kam, wurde in kürzester Zeit niedergeschlagen. Seitdem hatte die kroatische Nationalbewegung ihren ersten Märtyrer und Nationalrevolutionär, auf den sich vor allem die faschistische *Ustaša* (Aufständische) in den 1930er und 40er Jahren berief.[133]

Neben dem Jugoslawismus und dem Kroatismus, den beiden Hauptrichtungen des kroatischen Nationalismus, gab es noch eine dritte Strömung, die Magyaronen oder Unionisten.[134] Sie organisierten sich in der *Narodno Ustavna Stranka* (National-Konstitutionelle Partei). Die überwiegend dem Adel angehörenden *unionisti* sahen die Interessen Kroatiens am ehesten innerhalb der Monarchie und zwar in einer Realunion mit Ungarn aufgehoben. Eine Union, die nicht an Bedingungen und Autonomierechte geknüpft war, wie sie von der Nationalpartei gefordert wurden.

Als es nach dem österreichisch-ungarischen „Ausgleich" von 1867 auch zu Ausgleichsverhandlungen zwischen Ungarn und Kroatien kam, war es schließlich die Partei der Unionisten, die 1868 mit ihrer Mehrheit im *Sabor* die *nagodba* (Ausgleich) durchsetzen konnte. In den Vereinbarungen wurde das staatsrechtliche Verhältnis zwischen Ungarn und Kroatien neu geregelt und damit auch der Status Kroatiens innerhalb der Gesamtmonarchie. Entgegen den Wünschen der National- und der Rechtspartei nach einer rechtlichen und politischen Gleichstellung mit den Magyaren, blieb die Banovina faktisch ein Teil Ungarns, dessen territoriale Integrität durch die *nagodba* bekräftigt wur-

---

[132] Ebd., S. 108.
[133] Zur *Ustaša*-Bewegung und ihrem Anführer Ante Pavelić vgl. Ladislaus HORY/Martin BROSZAT, Der kroatische Ustascha-Staat 1941-1945, Stuttgart 1964; PARIS, Genocide; Marijan ROGIĆ, Die Idee des kroatischen Staates bei Ante Pavelić, München 1983.
[134] Zu der Strömung der Unionisten vgl. JELAVICH, Establishment, S. 253; SCHÖDL, Kroatische Nationalpolitik, S. 62f; BAGARIC, Ausgleich. Bagaric geht vor allem auf die wichtige Rolle der Unionisten während der kroatisch-ungarischen Ausgleichsverhandlungen ein.

de. Die *nagodba* bedeutete nicht nur die Absage an eine wie auch immer geartete kroatische Souveränität, sondern auch den Verbleib von Dalmatien und Istrien bei der österreichischen Reichshälfte[135] und die teilweise noch engere Anbindung Kroatien-Slawoniens an Budapest. Dennoch wurden der kroatischen Nation durch die *nagodba* Elemente einer eigenen Staatlichkeit zugestanden. Diese Teilautonomie privilegierte sie im Gegensatz zu anderen Nationen der Doppelmonarchie. Die innere Verwaltung, der Kulturbereich und das Justizwesen gehörten zu den autonomen Angelegenheiten Kroatiens, über die ein gewählter Landtag[136] und die kroatische Landesregierung ohne Mitsprache Ungarns entscheiden konnten.

Zwei Regelungen der *nagodba* schränkten die Autonomie Kroatien-Slawoniens dennoch erheblich ein. So wurde der *Banus* nicht durch den kroatischen *Sabor* gewählt, sondern vom ungarischen Ministerpräsidenten vorgeschlagen und vom König ernannt. Die zweite Einschränkung betraf die kroatische Finanzhoheit. Sämtliche Steuereinnahmen Kroatiens flossen an das ungarische Finanzministerium, das von dem Gesamtbetrag 44% für die innerkroatischen Angelegenheiten reservierte, während der Rest für gemeinsame Aufwendungen einbehalten wurde. Der kroatische *Sabor* hatte dabei keinerlei Kontrolle und Mitsprache, weder über die Art der Steuererhebung, noch über die Verwendung der gemeinsamen Mittel. Die Folgen dieser Vereinbarung hemmten die seit dem Bach'schen Absolutismus eingeleitete wirtschaftliche Modernisierung erheblich, da die kroatischen Mittel zu gering waren um Industrialisierung und Infrastrukturmaßnahmen im notwendigen Maß zu finanzieren. Hinzu kam, dass die ungarische Finanzpolitik protektionistisch auf die Unterstützung der eigenen Wirtschaft ausgerichtet war. An eine staatliche Unterstützung der kroatischen „Konkurrenz" und ihre Einbindung in ei-

---

[135] Zwar betonte die Ausgleichsvereinbarung ausdrücklich die Zusammengehörigkeit von Kroatien, Slawonien und Dalmatien, und Ungarn verpflichtete sich auch die „Wiedervereinigung" des „Dreieinigen Königreiches" anzustreben, doch die territorialen Vereinbarungen des österreichisch-ungarischen Ausgleichs standen dazu im deutlichen Widerspruch. Das ungarische Bekenntnis zum „Dreieinigen Königreich" war wohl nur ein Lippenbekenntnis um die kroatische Zustimmung zur *nagodba* zu erreichen.

[136] Die Wahlen zum *Sabor* waren jedoch alles andere als demokratisch. Sie wurden öffentlich und mündlich durchgeführt, das aktive Wahlrecht besaß nur ein Bruchteil der Bevölkerung (seit 1868: 2%, seit 1910: 9%) und ein Teil der Abgeordneten, die „Virilisten", konnten gar nicht gewählt werden, da sie qua Herkunft und Besitz ein „persönliches Stimmrecht" besaßen, vgl. SCHÖDL, Kroatische Nationalpolitik, S. 35, 61.

nen kroatisch-ungarischen Wirtschaftsraum war nicht zu denken, so dass Kroatien-Slawonien auch nach dem ungarisch-kroatischen Ausgleich weiterhin Peripherie blieb.

Die 1848 durchgeführte Bauernbefreiung hatte diesen Zustand ebenfalls nicht wesentlich verbessert. Zwar erhielt die Landbevölkerung durch die Bodenreform Grundbesitz und sah auch eine finanzielle Entlastung der ehemaligen Grundherren vor. Doch die Umsetzung der Reform dauerte aufgrund ungeklärter Eigentumsfragen und komplizierter Rechtsverhältnisse bis in die 1860er Jahre an. Eine kapitalistische Modernisierung der Landwirtschaft kam auch danach nur sehr langsam in Gang. Einerseits war die Liquidierung der Grundentlastung auf Jahrzehnte angelegt, so dass die ehemaligen Grundherren nur über relativ wenig Investitionskapital verfügten, andererseits ließ die geringe Größe der bäuerlichen Parzellen häufig nur eine Subsistenzwirtschaft zu. Eine kommerzielle Bewirtschaftung wurde durch die z. T. sehr hohen staatlichen Steuern und Abgaben erschwert, die seit der Befreiung eine zusätzliche Belastung für die Bauern darstellten. In einigen Regionen führten die Folgen der halbherzigen Bodenreform sogar zu einem vorrübergehenden Rückgang der Geldwirtschaft.[137]

Die sich in der Revolution von 1848 zum ersten Mal als politische Kraft äußernde Nationalbewegung hat es in den 20 Jahren bis zum ungarisch-kroatischen Ausgleich geschafft, ihre Strukturen in Vereinen, Parteien und Zeitungen zu verfestigen, so dass nationalistische Ideologie und Rhetorik die öffentlichen Diskurse wesentlich mitbestimmten. Dennoch blieb sie auf den kleinen Kreis des niederen Adels und des mittelständischen Bürgertums beschränk. Es gelang ihr nicht, sie bemühte sich auch nicht, die bäuerliche Bevölkerung für ihre Ziele zu gewinnen. Ein Partizipationsbegehren der Bevölkerung, das die Nationalbewegung hätte unterstützen können, stellte sich unter den lange anhaltenden und nachwirkenden feudal-agrarischen Bedingungen erst sehr spät ein und war bis weit in die zweite Hälfte des 19. Jahrhunderts nicht zu spüren. So konnte auch kein symbiotisches Verhältnis zwischen Demokratie- und Nationalbewegung entstehen. Eine „Breitenwirkung"[138] nationalistischer Diskurse blieb aus.

---

[137] Zum Modernisierungsprozess in der Landwirtschaft vgl. GROSS, Die Anfänge, S. 41-50.
[138] *„In Wirklichkeit verfügten sie* [die kroatischen Parteien, B.A.] *(...) angesichts des Entwicklungsrückstandes der Monarchie und ihrer Südslawen, nicht entfernt über jene*

Der Ausgleich von 1867 war für die nach Unabhängigkeit strebenden Teile der Nationalbewegung zunächst ein Rückschlag, da er die Zementierung des ungeliebten ungarisch-kroatischen Staatsverbandes bedeutete. Strukturell erfuhr die Nationalbewegung jedoch eine Stärkung. Denn durch die Ausgleichsvereinbarungen wurde die Existenz einer kroatischen Staatlichkeit basierend auf dem historischen Staatsrecht eindeutig anerkannt und kodifiziert. Indem neue staatliche Institutionen geschaffen und alte bestätigt wurden, nahm nicht nur die Zahl der Beamten zu, die wie keine andere Berufsgruppe nationale Identität und Existenz miteinander verbanden. Die innere Autonomie ermöglichte auch die staatliche Propagierung und Förderung kroatischer Identitätsmodelle im Bildungs- und Kulturbereich, eine Voraussetzung für die Rezeption nationalistischer Ideen bei dem bislang national indifferenten Großteil der Bevölkerung.

Der Ausgleich stärkte die nationalistische Bewegung, stellte sie jedoch nicht zufrieden. Für viele verdeutlichte er nur die Abhängigkeit von Ungarn und machte die Notwendigkeit eines unabhängigen Nationalstaats umso dringender. Sezessionistische Modelle waren aber angesichts der geringen Verankerung des Nationalismus innerhalb der Bevölkerung und der politischen Machtverhältnisse in der Monarchie pure Utopie. Kvaterniks Aufstandsversuch 1871 machte das schmerzhaft deutlich. Viele aus der ersten Generation der Nationalbewegung ließen sich in den Jahren nach der *nagodba* von einer opportunistischen „Einsicht in das Machbare" leiten und suchten die Zusammenarbeit mit Ungarn.[139] Doch die Attraktivität des Nationalismus, sowohl in seiner kroatistischen wie in seiner jugoslawistischen Variante, ließ nicht nach. Deutlich vernehmbar wurde er allerdings erst wieder in den 1880er und 1890er Jahren, nachdem unter dem „ungarischen" Regime des *Banus* Karoly Khuen-Héderváry (1883-1903) die Magyarisierungsbestrebungen einen erneuten Höhepunkt erreichten.[140]

Breitenwirkung und Bedeutung, wie beispielsweise die großen englischen Parteien oder im deutschsprachigen Raum die liberalen Gruppierungen.", SCHÖDL, Kroatische Nationalpolitik, S. 60.

[139] Exemplarisch für die Hinwendung zu Ungarn steht die Vereinigung der unionistischen *Narodno Ustavna Stranka* mit der jugoslawistischen *Narodno Liberalna Stranka* 1873, SCHÖDL, Kroatische Nationalpolitik, S. 63.

[140] Bis zu einem gewissen Grad schützen die Ausgleichsvereinbarungen die Kroaten vor den Magyarisierungsbestrebungen. Andere Nationen im ungarischen Reichsteil beka-

3.2.2.3 Politisierung und Partizipation: Die Festigung nationaler Identitäten

Als treuer Anhänger der ungarischen Krone war Khuen-Héderváry ein ausgesprochener Feind des kroatischen Nationalismus und stand generell der Idee einer kroatischen Vereinigung innerhalb der Doppelmonarchie ablehnend gegenüber. Dem *Banus* gelang es, das gute Verhältnis zwischen Serben und Kroaten nachhaltig zu stören. Die Unbeliebtheit der Serben bei den kroatischen Nationalisten stieg in dem Maße an, wie es der *Banus* mittels einer „Spalte-und-Herrsche"-Politik verstand, die serbische Minderheit, die nach der Okkupation Bosnien-Herzegowinas 1878 und der Angliederung der Militärgrenze an Kroatien-Slawonien 1881 beträchtlich gewachsen war, durch Begünstigungen auf seine Seite zu ziehen.[141] Die serbisch-kroatischen Animositäten nahmen unter seiner Herrschaft erheblich zu[142] und entluden sich in zum Teil gewaltsamen Auseinandersetzungen.

Unter dem Eindruck der Verschlechterung des serbisch-kroatischen Verhältnisses und des repressiven „ungarischen" Regimes des *Banus* Khuen-Héderváry erhielten die beiden Hauptströmungen des kroatischen Nationalismus in der Banovina neuen Zulauf. Die Starčević-Anhänger konnten mit ihrem Antiserbismus Stimmen fangen und sich eine im Vergleich zu den übrigen Parteien respektable Basis vornehmlich im Kleinbürgertum erarbeiten.[143] Hier konnten antiserbische Ressentiments am ehesten auf Resonanz stoßen, da die Serben durch die Privilegierung des „Systems Khuen" verstärkt als ökonomische Konkurrenten wahrgenommen wurden.

Die ethnischen Konflikte belebten aber auch den Jugoslawismus. Anhänger der Nationalpartei, die von der Fusion mit den Unionisten enttäuscht waren, hatten schon 1880 die *Neadvisna Narodna Stranka* (Unabhängige Na-

---

men die Homogenisierungsmaßnahmen vor allem im Bildungsbereich zu spüren. Die Funktion der Schulen beschreibt ein ungarischer Regierungsmitarbeiter so: *„The secondary school is like a huge machine, at one end of which Slovak youths are thrown in by the hundreds and at the other end of which they come out as Magyars."*, zit. n. JELAVICH, Establishment, S. 244.

[141] Vgl. BANAC, National Question, S. 91-95.

[142] So z. B. „belohnte" er die Serben, indem er 1888 einen Beschluss von 1874 rückgängig machte, der den konfessions- und religionsübergreifenden Schulunterricht ermöglichte. Diese Trennung in ein serbisch-orthodoxes und ein kroatisch-katholisches Schulsystem empörte sowohl die Kroatisten wie die Jugoslawisten, vgl. ROUDOMETOF, Invented Traditions, S. 456.

[143] Vgl. GROSS, Einfluss, S. 87f.

tionalpartei) gegründet. Die Konflikte zwischen Serben und Kroaten machten aus ihrer Sicht den Kampf um die südslawische Einheit umso notwendiger. 1894 ging die Nationalpartei mit gemäßigten Teilen der Rechtspartei ein Wahlbündnis, die *Koalirana Opozicija* (Vereinigte Opposition), ein. Das Bündnis propagierte eine trialistische Lösung der südslawischen Frage, die Gleichberechtigung von Österreichern, Ungarn und Südslawen, und konnte 1897 sogar ein Drittel der wählbaren Mandate des *Sabor* gewinnen.[144]

Der radikale Flügel der Rechtspartei unter der Leitung von Josip Frank (1844-1911) gründete 1895 die *Čista Stranka Prava*. Die „Reine Rechtspartei" sammelte vor allem diejenigen um sich, die in den Serben die eigentliche Bedrohung der kroatischen Nation sahen. Denn im Gegensatz zu Starčević, in dessen Tradition sie sich ausdrücklich stellte, verstand sie die Serben nicht mehr als Teile der eigenen, sondern definierte sie als feindliche Nation. Die *Čista Stranka Prava* rekrutierte ihre Anhänger vornehmlich aus dem Kleinbürgertum. Sie war die Partei des politischen Klerikalismus, der Katholizismus und Kroatentum untrennbar miteinander verband und die kroatischen Interessen am ehesten innerhalb der Monarchie und in enger Anlehnung an Österreich aufgehoben sah.[145]

Das Ende der Herrschaft des *Banus* Khuen-Héderváry 1903 hatte eine Liberalisierung des politischen Klimas zur Folge und ermöglichte eine intensive Zusammenarbeit serbischer und kroatischer Politiker. Dieser „Neue Kurs" dominierte in den Jahren bis zum Ersten Weltkrieg den kroatischen Nationalismus. Am deutlichsten kommt er in der 1905 gegründeten *Hrvatsko Srpska Koalicija* zum Ausdruck, der Kroatisch-Serbischen-Koalition (KSK), die 1906 die Wahlen zum Landtag gewinnen konnte und fortan das politische Leben in der Banovina bestimmte.[146] Der „Neue Kurs" war charakterisiert durch die Zusammenarbeit südslawischer Parteien, Initiativen, Vereine, Studentengruppen etc. die sich vor allem über ihre gemeinsamen Gegner, Österreicher und Ungarn, einig waren. Es war eine Zusammenarbeit, die eine Regelung für die politische Emanzipation der Habsburger Südslawen verlangte, die Lö-

---

[144] SCHÖDL, Nationalpolitik, S. 66.
[145] Zur Geschichte und Ideologie der Rechtsparteien vgl. Mirjana GROSS, Die nationale Idee der kroatischen Rechtspartei und ihr Zusammenbruch (1861-1895), in: Österreichische Osthefte 6 (1964), S. 374-388.
[146] Detailliert zur Politik der KSK und allgemein zum „Neuen Kurs": SCHÖDL, Nationalpolitik, S. 234-325.

sung der südslawischen Frage. Die Lösung wurde von den Parteien jedoch innerhalb der Monarchie gesucht, nationale Staatsbildungsprojekte wurden nicht angestrebt. Dieser Verzicht war es, der die Zusammenarbeit erst ermöglichte. Denn zwar stand die serbisch-kroatische Kooperation deutlich in der jugoslawistischen Tradition, doch zu Beginn des 20. Jahrhunderts war das Bewusstsein einer nationalen serbischen und einer nationalen kroatischen Identität zu weit fortgeschritten um an einer Vereinigung in einem Staat zu arbeiten.

Die Belebung im Parteienspektrum um die Jahrhundertwende war nicht nur eine Folge des „Systems Khuen", das im national-ungarischen Interesse Kroaten und Serben gegeneinander ausspielte und voneinander schied. Sie war auch Resultat eines wirtschaftlichen Aufschwungs seit den späten 1880er Jahren. Die ökonomische Entwicklung ließ die Schicht des klein- und mittelständischen Bürgertums wachsen, das nun verstärkt Ansprüche auf politische Partizipation stellte und überwiegend die soziale Basis der neuen Parteien bildete. Aber auch die bäuerliche Bevölkerung profitierte von der ökonomischen Situation. Eine politische Vertretung fand sie in der *„Hrvatska Pučka Seljačka Stranka"* (Kroatische volkstümliche Bauernpartei). Die von Stjepan Radić 1904 gegründete Partei vertrat zwar den größten Teil der Bevölkerung, konnte aber wegen des restriktiven Wahlgesetzes nicht besonders viele Sitze im Landtag gewinnen. Ideologisch war sie bei der jugoslawistischen Fraktion der KSK anzusiedeln.[147]

Die zunehmende Politisierung der Bevölkerung unter dem Vorzeichen des Nationalismus erfasste um die Jahrhundertwende auch die Jugend Kroatiens, vornehmlich diejenige, die an Schulen und Universitäten mit dem nationalistischen Gedankengut in Berührung kam.[148] Die kroatischen Jugendbewegungen waren wesentlich radikaler und kompromissloser als die Nationalisten der ersten Generation. Sie kritisierten die Parteipolitik wegen ihrer „Angepasstheit" und ihres halbherzigen Engagements für die nationale Unabhängigkeit. Entgegen dem „evolutionären" Weg der Parteien propagierten sie

---

[147] SCHÖDL, Nationalpolitik, S. 69. Zur Bedeutung der Bauernpartei für die Politisierung der Landbevölkerung vgl. GROSS, Einfluss, S. 88f. Zur Ideologie Radics vgl. BANAC, National Question, S. 95f., 104f.

[148] Eine ausführliche Darstellung der Jugendbewegung findet sich bei Mirjana GROSS, Die Welle, Die Ideen der nationalistischen Jugend in Kroatien vor dem I. Weltkrieg, in: Österreichische Osthefte 2 (1968), S. 65-86.

die nationale „Revolution". Viele sahen die in den 1880er und 1890er Jahren gewachsenen Spannungen zwischen den Ethnien, die trotz der Annäherung serbischer und kroatischer Politiker auch zu Beginn des 20. Jahrhunderts noch zu spüren waren, als ein Haupthindernis auf dem Weg zu nationaler Emanzipation an. Ein Teil der Unzufriedenen organisierte sich in der *Fortschrittlichen Jugend* aus der 1904 die „Fortschrittliche Partei"[149] hervorging. Ideologisch vertraten die *Fortschrittlichen* Stroßmayers Idee einer kulturell-nationalen Gemeinsamkeit aller Südslawen. Sie versuchten jedoch diese Idee durch Bildungsarbeit im Volk zu verbreiten, um mit der Unterstützung der Massen die nationalen Ziele zu verwirklichen. Obwohl sie mit der „Fortschrittlichen Partei" eng zusammenarbeiteten, lehnten viele die Parteiarbeit in der herkömmlichen Form ab. Scharfe Kritik richtete sich gegen die katholische Kirche und ihrem als übermäßig empfundenen Einfluss im Kultur- und Bildungsbereich. Die Nähe zur österreichisch-ungarischen Herrschaft nahmen sie ihr ebenso übel wie ihre konservativen Einstellungen zur Kultur und Wissenschaft.

Die *Jungkroaten* waren Vertreter eines Starčević-Nationalismus und können als eine Art Jugendorganisation der Rechtsparteien angesehen werden. Sie lehnten die südslawische „Utopie" eines jugoslawischen Nationalstaates ab, betonten die kroatische Exklusivität, stimmten aber mit dem Antiklerikalismus der *Fortschrittlichen* überein. Denn ihrer Meinung nach konnte sich Kroatentum nicht über das Bekenntnis zum Katholizismus definieren.[150] Sowohl bei den *Fortschrittlichen*, die die Gleichsetzung von Kroatentum und Katholizismus als eine erhebliche Störung im Prozess der kulturellen Annäherung verurteilten, als auch bei den *Jungkroaten* nahm der Kampf gegen den organisierten Klerikalismus viel Raum ein.

Die Klerikalisierung der Frank-Partei und ihre Nähe zu Österreich ließ die Distanz zu den Jungkroaten immer größer werden. Diese näherten sich der *Fortschrittlichen Jugend* an, die ihrerseits von der „Fortschrittlichen Partei" schwer enttäuscht worden war. Bei *Jungkroaten* und *Fortschrittlichen* setzte ein Vertrauensverlust in die Politik ein. Viele Jugendliche sympathisierten nun mit radikalen und revolutionären Lösungen der nationalen Frage: Ei-

---

[149] 1904 als „Kroatische Völkische Fortschrittliche Partei" gegründet. Gründer waren die Mitglieder der „Fortschrittlichen Jugend" der ersten Generation.
[150] GROSS, Welle, S. 69.

ne eindeutige Absage an den bisher propagierten evolutionären Weg der Verbreitung und Bewusstmachung nationaler Kultur, sei sie nun südslawisch oder exklusiv kroatisch.

Die Verständigung zwischen den Jugendgruppen führte nicht nur in der Wahl der Mittel („Propaganda der Tat")[151] sondern auch auf der ideologischen Ebene zu einer Angleichung. Die Erkenntnis eines gemeinsamen Zieles – nationalstaatliche Unabhängigkeit von österreichischer und ungarischer Fremdherrschaft – und die immer dringender empfundene Notwendigkeit seiner Umsetzung hatten zur Folge, dass die *Jungkroaten* ein entscheidendes Zugeständnis machten: Ihr Nationalismus war bisher geprägt von einer Ausschließlichkeit serbischer und kroatischer Identität. Nun besannen sie sich auf den Gedanken Starčevićs, dass Serben eigentlich Kroaten seien, dass es weniger die Serben seien, als vielmehr der exklusive serbische Nationalismus, den es abzulehnen und zu bekämpfen gelte. Der Unterschied zum Jugoslawismus der *Fortschrittlichen* bestand folglich nur in der abweichenden Namengebung, während die grundsätzlichen Ziele dieselben waren; was für die einen Kroaten, waren für die anderen Südslawen! Die in der unterschiedlichen Namengebung implizit enthaltenen unterschiedlichen Vorstellungen über Identität und Nationalität wurden dabei als zweitrangiges Problem beiseite geschoben.

Die wachsende Feindschaft zwischen Serbien und Österreich-Ungarn in den ersten Jahren des 20. Jahrhunderts und die serbischen Erfolge in den Balkankriegen nährten die Vorstellung, dass Serbien als das „Piemont" Jugoslawiens die Vorreiterrolle für die nationalstaatliche Vereinigung aller Südslawen besaß. Unter den Jugendlichen entstand eine regelrechte Serbien-Begeisterung. Am Vorabend des 1. Weltkrieges hatte sich die jugoslawistische Strömung in der nationalistischen Jugendbewegung durchgesetzt. Ihr Schwerpunkt war jedoch nicht mehr kulturell, sondern politisch. Der kroatische Exklusivismus und der damit verbundene Antiserbismus bestanden weiterhin, wenn auch erheblich geschwächt durch den Kurswechsel der *Jungkroaten*. Damit schien die Zustimmung zu einer Vereinigung mit Serbien in

---

[151] Ebd., S. 75. Dieser gewaltsame Nationalismus orientierte sich stark am russischen Anarchismus und äußerte sich z. B. in dem gescheiterten Attentat auf den Banus Cuvaj 1912 durch den Kroaten Jukić. Er handelte nach dem Vorbild des Serben Žerajić, der schon 1910 den Landeschef von Bosnien, Varešanin, tötete, ebd., S. 72, 81.

einem Nationalstaat so weit gewachsen zu sein, dass unter den Bedingungen des Friedensschlusses von 1918 der jugoslawische Staat Wirklichkeit werden konnte. Es begann die Umsetzung der Ideologien in eine praktische Politik.

Die Beschreibung der Vor- und Entstehungsgeschichte des serbischen und kroatischen Nationalismus wird hier abgebrochen, auch wenn die Ausbildung der nationalen Identitäten am Vorabend des Ersten Weltkrieges noch nicht vollständig abgeschlossen war. Allerdings waren zu Beginn des Jahrhunderts die nationalen Ideologien, Symbole und Geschichtsbilder schon soweit entwickelt, dass sie als konkurrierende und attraktive Identitätsangebote den Menschen zur Verfügung standen. Der Nationsbildungsprozess setzte sich in den folgenden Jahren noch fort, erst in den 20er und 30er Jahren des 20. Jahrhunderts kann von einem serbischen und kroatischen Nationalbewusstsein gesprochen werden, das alle Bevölkerungsschichten durchdrungen hatte. Die Beschreibung hört an dieser Stelle also nicht deshalb auf, weil ein bestimmbares Ende der Vor- und Entstehungsgeschichte erreicht gewesen wäre; sie bezieht sich auf ein politisches Ereignis, auf die revolutionäre Veränderung, die nach dem Ende des Ersten Weltkrieges die Bevölkerung der serbischen und kroatischen Regionen plötzlich mit einem neuen Staat, dem „Königreich der Serben, Kroaten und Slowenen" konfrontierte. Die Staatsgründung bedeutete vollkommen neue Bedingungen für die Entwicklung der nationalen Identitäten und ihr Verhältnis zueinander.

4 Im Spiegel der Theorie

Nationalismus ist ein Produkt der Moderne. Das gilt auch für den serbischen und kroatischen Fall. Das in Kapitel 2.1.2 beschriebene idealtypische Modell eines Zusammenhangs zwischen Genese des Nationalismus und Modernisierung ist jedoch für den serbischen und kroatischen Nationalismus nur bedingt zutreffend und muss entsprechend modifiziert werden. Auch untereinander weisen beide Nationalismen erhebliche Unterschiede auf. Zunächst sei aber auf eine wesentliche strukturelle Gemeinsamkeit beider Nationalismen hingewiesen: Für die Entstehung einer nationalistischen Bewegung bedurfte es weder in Kroatien noch in Serbien einer fortgeschrittenen ökonomischen Modernisierung. Als um die Mitte des 19. Jahrhunderts die Nationalbewegungen an die Öffentlichkeit traten, konnte von einer wirtschaftlichen Entwicklung, vergleichbar mit der West- oder Zentraleuropas, nicht die Rede sein. Ein ökonomischer Aufschwung fand in Serbien und Kroatien erst Ende des 19. und zu Beginn des 20. Jahrhunderts statt. Zu diesem Zeitpunkt kam der Ökonomie eine Bedeutung als fördernder Bedingung des Nationalismus zu, ohne die seine massenhafte Resonanz nicht denkbar gewesen wäre. Die ökonomische Modernisierung sorgte für eine beschleunigte Verbreitung des nationalistischen Gedankenguts und ermöglichte die Bildung und Stabilisierung nationalpolitischer Wirtschafts- und Kommunikationsräume. Als entscheidende Entstehungsbedingung des Nationalismus kommt sie jedoch nicht in Frage.

Für die Genese des kroatischen und serbischen Nationalismus hingegen viel bedeutsamer war die politische Modernisierung. Aber beide Phänomene standen nicht in einem einfachen Kausalverhältnis, das den Nationalismus quasi organisch aus dem Modernisierungsprozess hervorgehen ließ, so wie es die idealtypische Beschreibung in Kapitel 2.1.2 suggeriert. Serbischer und kroatischer Nationalismus bildete sich nicht in einem von der Umwelt abgeschlossenen System, sondern konnte – und dies gilt insbesondere für das kroatische Beispiel – auch deswegen entstehen, weil die Idee der Nation in Form eines „Importguts" schon als Ergebnis eines Modernisierungsprozesses der Nachbarstaaten vorgelegen hatte. Serbischer und kroatischer Nationalismus konnte sich so unter – im Vergleich zur Nationalismusgenese West- und Zentraleuropas – „unvollständigen" Modernisierungsbedingungen entwickeln. In dieser Situation besaß der Nationalismus dann seinerseits die Fähigkeit politisch wie ökonomisch modernisierend zu wirken. Welche Besonderheiten kennzeichnen nun den Verlauf der serbischen und kroatischen Nationalismusgeschichte und wo finden sich die im Theoriekapitel vorgestellten allgemeinen Strukturmerkmale des Nationalismus im konkreten Beispiel wieder?

4.1 Serbischer Nationalismus

Die Herrschaftspraxis des Osmanischen Reiches, eroberte Völker nicht zu assimilieren, sondern deren kulturelle und religiöse Eigenarten zu tolerieren, also den ethnischen Verband bestehen zu lassen, war eine entscheidende Vorraussetzung für die Entstehung der serbischen Nation. Zwar konnte ein serbischer Herrschaftsverband nicht weiter existieren, weil die ökonomische und politische Elite durch die osmanische Verwaltung ersetzt worden war, doch insgesamt bestand eine Kontinuität der serbischen Ethnie vom Mittelalter bis in das 19. Jahrhundert. Dauerhaft konnte das ethnische Eigenbewusstsein allerdings nur in der Religion tradiert werden.[152] Die Orthodoxe Kirche bewahrte das Erbe des serbischen mittelalterlichen Reiches und die Erinnerung daran in Urkunden, Gesetzestexten oder anderen schriftlichen Quellen. Die Erwähnung der serbischen Könige war sogar Teil der Liturgie.[153] Die religiöse Identität, so wichtig sie auch für die frühe Konstituierung der Nation war, kommt aber nicht als allein ausschlaggebender Faktor für die Ausbildung einer serbischen nationalen Identität in Frage. Von Bedeutung war vielmehr die Tatsache, dass der Kern des späteren serbischen Nationalstaates eine politische Einheit gewesen ist: der von der osmanischen Herrschaft eingerichtete *paşalik* Belgrad. Schon die Festlegung politisch-administrativer Grenzen durch die Osmanen mag zu einer gewissen Vereinheitlichung geführt haben. Jedenfalls schuf sie einen umgrenzten Raum, der zumindest ein identitätsbewahrender, wenn nicht sogar ein identitätsstiftender Raum war. Am Ende

---

[152] Sicherlich war die serbische Ethnie noch durch viele andere außerreligiöse Praktiken, Rituale und Symbole gekennzeichnet. Aber eine beständige Überlieferung konnte nur durch die von der orthodoxen Kirche praktizierte Schriftkultur garantiert werden. Außerreligiöse ethnische Besonderheiten waren viel stärker dem ständigen Wandel und den Einflüssen von außen unterworfen und können nur sehr eingeschränkt als Kennzeichen einer generationenübergreifenden ethnischen Identität veranschlagt werden.
[153] BANAC, National Question, S. 68.

des 18. und zu Beginn des 19. Jahrhunderts hat die Privilegierung der Bevölkerung und der Erfolg der „serbischen Revolution" dieses tradierte Eigenbewusstsein nochmals entscheidend gefördert. Der Krieg gegen die Janitscharen und anschließend gegen die osmanische Zentralmacht war allerdings noch nicht ein Kampf für und um die Nation, sondern vielmehr ein Kampf, der im Namen des „alten Rechts" geführt wurde, für den Erhalt des erreichten Status quo innerhalb des Osmanischen Reichs. Die serbische Nation war zu diesem frühen Zeitpunkt noch nicht ausreichend konstruiert um als Legitimationsspender zu fungieren. Die kollektive Identität der Aufständischen war im Wesentlichen durch die orthodoxe Religion bestimmt, die auch eine soziale Differenz zu den muslimischen Grundbesitzern und zu der osmanischen Herrschaft markierte. Loyalität richtete sich nicht auf die Nation, sondern auf die militärischen Führer, auf Karadjordje Petrović und später auf Miloš Obrenović. Sie galten allerdings nicht als nationale Erlöser oder Retter, sondern waren vielmehr charismatische Herrscher, die Loyalität qua ihrer militärischen Erfolge verlangten und erhielten.

Der Aufstand des Karadjordje Petrović war noch keine nationale Revolution. Indem er aber die osmanisch-muslimische Herrschaft durch eine serbisch-orthodoxe ersetzte, den ethnisch-religiösen Verband wieder zu einem politischen Herrschaftsverband machte, bildete er die entscheidende Ausgangsbedingung für die Entstehung eines serbischen Nationalismus. Er kennzeichnet den Beginn des modernen serbischen Staates und wurde nachträglich zu einem nationalem Symbol, zum Gründungsmythos der „serbischen Revolution".

Die Jahre danach bis zur Unabhängigkeit 1878 waren gekennzeichnet durch einen stetigen Ausbau der fürstlichen Macht, der Sicherung der von der Pforte gewährten Privilegien und dem Erwerb immer weiterer Souveränitätsrechte. Das Fürstentum wies in der Jahrhundertmitte trotz formaler Zugehörigkeit zum Osmanischen Reich alle Kennzeichen eines modernen Staates auf. Ein Staat, der zum Zweck effektiver Herrschaft eine eigene Bürokratie, ein eigenes Heer, eigene Bildungseinrichtungen etc. aufbaute und auf diese Weise zur Vereinheitlichung der Bevölkerung und zum Entstehen eines von den politischen Grenzen definierten Kommunikationsraumes beitrug.

4.1.1 Modernisierungskrisen

Können im Verlauf der serbischen Staatsbildung typische Modernisierungskrisen des politischen Systems ausgemacht werden, die im Sinne des Challenge-and-Response-Modells eine Genese des Nationalismus beschleunigten, ihn vielleicht mitverursachten, oder, umgekehrt, die vom Nationalismus hervorgerufen wurden? Für eine angemessene Analyse des Nationalismus mit Hilfe des Challenge-and-Response-Modells ist eine eingehendere Betrachtung der politisch-ökonomischen Entwicklungsbedingungen nötig, als sie hier geleistet werden konnte. Vollständig wäre sie auch nur durch den historischen Vergleich mit den Entwicklungswegen der Nachbargesellschaften. Dieser Vergleich ermöglichte nicht nur verlässliche Aussagen über die Bedeutung des Nationalismus als Bedingung bzw. Resultat der serbischen Modernisierung, sondern könnte auch Aufschluss geben über den Modernisierungsprozess des gesamten südöstlichen Europas. An dieser Stelle sollen jedoch einige Überlegungen bezüglich der serbischen Nationalismusgenese ausreichen, die allerdings unvollständig und notwendig hypothetisch bleiben müssen.

Der Blick in die serbische Geschichte hat gezeigt, dass die ökonomische Modernisierung, gemessen an der Entwicklung der west- und mitteleuropäischen Staaten, äußerst rückständig war. Die serbische Gesellschaft des 19. Jahrhunderts verharrte überwiegend in ihrer traditionellen Wirtschafts- und Sozialverfassung und blieb, trotz einer Intensivierung des Handels und der beginnenden Industrialisierung nach 1878, bis weit in das 20. Jahrhundert hinein agrarisch geprägt. Die im Theoriekapitel vorgestellte „Vakuumthese", dernach die nationalistische Ideologie den durch eine rapide ökonomische Modernisierung entstandenen Verlust traditioneller Identifikationsmöglichkeiten ersetzen konnte, trifft für das serbische Beispiel nicht zu. In diesem Sinne fand eine für das Entstehen des Nationalismus verantwortliche Identitätskrise nicht statt. Nicht nur wurden die traditionellen Lebensweisen der Bevölkerung weitestgehend beibehalten, auch die Religion büßte nicht an Bedeutung ein, wurde sogar zum konstitutiven Bestandteil des serbischen Nationalbewusstseins.[154] Die Kontinuität traditionaler Identitäten ist vermutlich auch der ent-

---

[154] Vgl. unten, Kap 4.1.6.

scheidende Grund dafür, dass der Nationalismus in Serbien als Massenbewegung erst sehr spät am Vorabend des Ersten Weltkrieges aufgetreten ist. Fragt man nach den Legitimitätskrisen des serbischen politischen Systems, kann schon eher ein Zusammenhang mit dem Nationalismus hergestellt werden. Allerdings hat der Nationalismus die Legitimationsgrundlage der politischen Herrschaft nie wirklich infrage gestellt und zu einer systembedrohenden Krise geführt. Zwar legitimierte sich die serbische Herrschaft seit Staatsgründung dynastisch, doch die politische Elite selbst handelte fast nie gegen die Ziele der Nationalbewegung, so dass die Verschiebung der Legitimationsgrundlage vom Dynastischen zum Nationalen schleichend und unspektakulär verlief. Dass das Nationale schließlich maßgeblich war, darauf weist der Sturz des Alexander Obrenović im Jahre 1903. Die Verschwörer handelten im Namen und für das Ansehen der Nation, das in ihren Augen durch die Affären des Monarchen und seine „Anbiederung" an Österreich, dem „Türken aus dem Norden", beschädigt worden war. Auch wenn noch ganz andere Interessen hinter dem Staatsstreich gestanden haben mögen, legitimiert werden konnte er nur im Namen der Nation.

Derselbe Fall verweist auf das gestiegene Partizipationsbedürfnis der serbischen Bevölkerung. Die „nationalistische" Partizipation äußerte sich nicht in dem Wunsch demokratisch-institutionell am politischen Prozess teilzuhaben, sondern vielmehr als öffentliche Anteilnahme an scheinbar privaten Angelegenheiten des Königshauses.[155] An diesen Privatangelegenheiten konnte und musste die Öffentlichkeit – ähnlich wie die Verschwörer – partizipieren, weil der Monarch nicht mehr nur die Monarchie, sondern die viel höher bewertete Nation repräsentierte.

Aufschlussreich für den serbischen Modernisierungsweg ist ferner die Penetrationskrise, die sich dann einstellt, wenn der Zugriff des modernen Staates auf die Ressourcen der Bevölkerung widerständiges Verhalten hervorruft. Mit einer solchen Penetrationskrise war das politische System 1885 im Bezirk Timak konfrontiert, nachdem sich eine Rebellion an dem Vorhaben der Regierung entzündet hatte, im Privatbesitz befindliche Waffen einzuzie-

---

[155] Norbert Elias sieht in dieser Art von Partizipation eine Voraussetzung für die Entstehung von Nationalismus. Er bezeichnet sie als *„Demokratisierung im soziologischen, nicht im politischen Sinn des Wortes"*, Norbert ELIAS, Studien über die Deutschen, Frankfurt a. M. 1990, S. 196.

hen. Die Motive und Argumentationen der Aufständischen könnten durchaus nationalistische gewesen sein, verstehen und erklären lässt sich der Aufstand aber auch ohne den expliziten Bezug auf Nationalismus. Im Zusammenhang mit Nationalismus ist vielmehr interessant, welche Strategien die politische Herrschaft neben der militärischen Option für die Krisenbewältigung gewählt hat. Zu fragen ist, ob die serbische Regierung als Antwort auf die Herausforderung des Aufstandes, der übrigens auch gleichzeitig die Legitimation der Herrschaft in Frage gestellt hat, den Weg der Intensivierung nationalistischer Propaganda gewählt hat. Die Frage wirft ein grundsätzliches Problem der Nationalismusforschung auf, das neben der Frage, ob Nationalismus eher Ursache oder Wirkung der Modernisierung gewesen ist, hier nur kurz angesprochen werden kann: Entsteht Nationalismus quasi organisch innerhalb der Bevölkerung im Verlauf eines abstrakten Modernisierungsprozesses, als ein Phänomen, dem die politische Herrschaft Rechnung tragen muss ob sie will oder nicht? Oder ist er in erster Linie ein Instrument der Herrschaft, um Loyalität, gesellschaftliche Integration, innere Pazifizierung und vor allem Legitimation zu erreichen? Es geht nicht darum eine der Interpretationen als die „richtige" der anderen vorzuziehen, beide sind ohne weiteres miteinander vereinbar. Es kommt darauf an, das Wechselverhältnis zwischen einem „gesellschaftlichen" und einem „herrschaftlichen" Nationalismus genauer zu bestimmen, also herauszuarbeiten, welche Funktionen der Nationalismus für die sozialen Trägerschichten besitzt und wann er sie besitzt. Der serbische Nationalismus des 19. Jahrhunderts erscheint unter der obigen Fragestellung weniger als ein Phänomen, das in Form einer Krise bewältigt werden musste. Die Nationalisierung der serbischen Bevölkerung verlief eher langsam und harmonisch, was nicht zuletzt mit dem relativ hohen Grad ethnischer Homogenität zusammenhängt. Die serbischen politischen Eliten, darauf verweist das *načertanije*, haben den Nationalismus schon früh als Mittel erkannt, um staatliche Expansion zu legitimieren und um die Loyalität und Solidarität der Bevölkerung in den beanspruchten Regionen zu erreichen. (Inwieweit die serbische Politik die Empfehlungen Garašanins tatsächlich umsetzte, müssten weitergehende Untersuchungen klären.) Die Vermutung liegt nahe, dass die Nationalisierung der innerserbischen Gesellschaft, wie auch die der osmanischen und österreichischen Serben, von der staatlichen Politik maßgeblich gefördert wurde. Wie groß allerdings der staatliche Beitrag zu der Entstehung eines Massennationalismus tatsächlich gewesen ist, und welchen Anteil die „selbstständige" Aneignung der nationalistischen Ideologie durch die Bevölkerung hatte, ist ohne Weiteres nicht zu klären. Wichtig ist jedoch: Ohne die grundsätzliche Bereitschaft der Menschen ihre alten Identitäten zu Gunsten der nationalen Identität aufzugeben, oder, was wahrscheinlicher ist, sie mit der neuen nationalen Identität zu kombinieren, wären sämtliche staatlichen Bemühungen um eine gesellschaftliche Nationalisierung ins Leere gelaufen. Diese Bereitschaft wurde schließlich durch die strukturellen Bedingungen des politischen und ökonomischen Modernisierungsprozesses ermöglicht.

4.1.2 Verlauf

Betrachtet man den Verlauf des Nationalismus mit Hilfe des Modells von Miroslav Hroch, so stellen sich die drei typischen Phasen deutlich dar, wenn auch eine klare Datierung von Anfang und Ende der Phasen ohne Weiteres nicht möglich ist. Ein früher Intellektuellennationalismus, der die sprachlich-kulturellen Gemeinsamkeiten der Nation betont, wird durch Vuk Karadžić repräsentiert. Die anschließende Mobilisierungsphase beginnt etwa in der Jahrhundertmitte. Sie ist gekennzeichnet von einer Rezeption des nationalistischen Gedankenguts durch das Bürgertum. Nationalismus drückt sich hier in Organisationen wie der *Omladina* aus. Die rein kulturelle Orientierung des Intellektuellennationalismus wird bereichert durch politisches Engagement zahlreicher Parteien und Vereine. In diese Phase fällt auch das *Načertanije*, das die Notwendigkeit einer Mobilisierung des Nationalbewusstseins betont und im Falle der vojvodinischen Serben sogar die mangelnde nationale Identität und Solidarität beklagt. Schließlich kann auch seit der Jahrhundertwende eine zunehmende Beachtung nationalistischer Ideen bei der bäuerlichen Bevölkerung und den weniger wohlhabenden Schichten festgestellt werden. Ein Massennationalismus äußert sich allerdings frühestens zu Beginn des 20. Jahrhunderts im Vor- und Umfeld der Balkankriege. Hierfür stehen beispielhaft die nach der Annexion Bosnien-Herzegowinas spontan und unabhängig voneinander in Gesamtserbien gegründeten Ausschüsse, die später zu der *Narodna Odbrana* zusammengefasst wurden.

Hinsichtlich der Gültigkeit des Hroch´schen Begriffs einer „non dominant ethnic group" muss allerdings wieder auf die eingenommene Perspektive verwiesen werden. Betrachtet man den serbischen Nationalismus als sezessionistisch und die Serben als ethnische Minderheit im osmanischen Vielvölkerstaat, war die serbische Ethnie selbstverständlich nicht dominierend. Innerhalb der politischen Einheit des Fürstentums jedoch stellten die Serben ganz eindeutig die Mehrheitsnation.[156] Die serbische Nationalbewegung war auch nicht gezwungen ihre Interessen gegen die politische Herrschaft durchzusetzen. Im Gegenteil: die politischen Eliten des Fürstentums waren selber, wie das *Načertanije* eindrucksvoll belegt, von einem expansiven Nationalismus beseelt und bemühten sich, das Nationalbewusstsein zu fördern.

Die hier vorgenommene etwas ungenaue Datierung der Verlaufsphasen ist unbefriedigend. Sie beruht auf einem Mangel an empirischen Forschungen, die genauere Hinweise auf Verlauf und Verbreitungsgrad des serbischen Nationalismus geben könnten. So wäre z. B. durch weitere Untersuchungen zu klären, mit welchem Recht am Beginn des 20. Jahrhunderts tatsächlich von einem Massennationalismus gesprochen werden kann. War die Nationalisierung der Gesellschaft zu diesem Zeitpunkt schon vollständig abgeschlossen, oder müssen die nationalistischen Kundgebungen und Demonstrationen nicht vielmehr als ein städtisches Phänomen begriffen werden, das eine umfassende Nationalisierung der serbischen Bevölkerung erst einleitete? Zu fragen wäre also nach einer Kultur des Nationalismus, danach, in welchen konkreten Formen und vor allem wann sich der Nationalismus als etwas Normales und Alltägliches im Leben der Menschen festgesetzt hatte. Welche Breitenwirkung hatten z. B. nationalistische Feste, wann wurden sie zum ersten Mal begangen, wie viele Mitglieder hatten die nationalistischen Vereine und aus welchen Bevölkerungsschichten wurden sie rekrutiert? Nur empirische Detailforschungen, die nach den Bildern und Symbolen des Nationalismus fragen und den Prozess ihrer Verankerung in der Gesellschaft historisch-statistisch erfassen, können Aufschluss über den exakten Verlauf des serbischen Nationalismus geben.[157] In diese Untersuchungen müssten auch die den Nationalismus fördernden Bedingungen des Krieges einbezogen werden.

---

[156] Es kann sogar durchaus von einer ethnischen Homogenität des serbischen Staates gesprochen werden. Erst mit den Territorialgewinnen im Zuge der Balkankriege war Serbien auch mit der Existenz nationaler Minderheiten konfrontiert.

[157] Solche Untersuchungen sind mir nicht bekannt. Die von mir verwendete deutsch- und englischsprachige Literatur enthält auch keinerlei Hinweise auf Arbeiten jugoslawischer Wissenschaftler, die sich dem Thema auf diese Weise genähert hätten.

Es ist höchstwahrscheinlich, dass die Kriege des serbischen Staates zur Nationalisierung der Massen entscheidend beigetragen haben. Von größter Bedeutung dürften hier vor allem die Balkankriege und der Erste Weltkrieg gewesen sein.

4.1.3 Staat und Nation

Wie sah nun das Verhältnis zwischen Staat und Nation aus, gemessen an der Typologie Theodor Schieders, die zwischen einem sezessionistischen, unifizierenden und integrierenden Nationalismus unterscheidet? Vordergründig könnte man den serbischen Nationalismus dem sezessionistischen Typ zuordnen, weil sich ein formal unabhängiger Staat Serbien 1878 von dem Osmanischen Reich abgespalten hat. Das würde bedeuten, dass sich erst eine serbische Nation herausbildete, die in ihrem Drängen nach Unabhängigkeit die staatliche Sezession im Sinne eines „nation into state"-Modells betrieben hat. Diese Zuordnung ließe sich jedoch nur dann anwenden, wenn die Elemente der serbischen Staatlichkeit, die das Fürstentum ohne Zweifel schon lange vor 1878 besaß, ignoriert werden und lediglich die formale Unabhängigkeit als entscheidendes Kriterium der Typologie zugelassen wird. Ignoriert man diese Elemente hingegen nicht, kann mit gleichem Recht eine Entwicklung vom Typ „state-into-nation" angenommen werden: Dann müsste ein integrierender Nationalismus festgestellt werden, der in einer ethnisch größtenteils homogenen politischen Einheit entstand, die schon ein Nationalstaat darstellte, als die Unabhängigkeit noch nicht durchgesetzt war. Meines Erachtens entspricht der serbische Nationalismus zumindest in seiner frühen Phase eher dem integrierenden Typ. Dies ist umso plausibler, wenn die Grundannahme stimmt, dass Nationalismus sich auf der Basis existierender Herrschaftskerne bildet, politischer Einheiten also, die – formal unabhängig oder nicht – in einem Modernisierungsprozess die Ausgangsbedingungen für die Entstehung von Nationalismus schaffen. So gesehen wäre jeder Nationalismus zunächst dem integrierenden Typ zuzuordnen, und je nach den spezifischen Bedingungen gewänne er sezessionistische oder unifizierende Merkmale hinzu. Diese sezessionistischen Elemente spielten im serbischen Nationalismus durchaus eine wichtige Rolle, kommen als typisches Merkmal allerdings genauso in Frage wie die integrierenden Elemente. Schließlich könnte man mit dem Hinweis auf den starken irredentistischen Charakter, der den serbischen Nationalismus spätestens nach der Unabhängigkeit geprägt hat, auch von einem unifizierenden Nationalismus sprechen. Die Annexion von ehemals osmanischem Territorium nach den Balkankriegen und der schon im *Načertanije* formulierte Anspruch auf Bosnien-Herzegowina waren nicht nur Ausdruck strategischer und machtpolitischer Interessen, sondern auch motiviert von dem Wunsch nach nationaler Vereinigung. Zusammenfassend kann man feststellen, dass sich eine eindeutige Zuordnung im Sinne der Schieder'schen Typologie für den serbischen Nationalismus nicht vornehmen lässt.

4.1.4 Partizipation

Anders als in vielen Ländern West- und Mitteleuropas war der serbische Nationalismus keine Oppositionsbewegung. Ein organisiertes und oppositionelles Bürgertum, das nach politischer Partizipation verlangte und seine Forderungen mit dem universalistischen Demokratieideal untermauerte, machte sich in den 1840er Jahren zwar durchaus bemerkbar, war jedoch nicht annähernd so stark, wie in den west- und mitteleuropäischen Staaten. Dies schon allein deswegen nicht, weil die ökonomische Modernisierung im Untersuchungszeitraum eine relevante Differenzierung nach Klassen nur im Ansatz hervorgebracht hatte. Hinzu kommt, dass die serbische Führung zu keinem Zeitpunkt den Charakter einer feudal-konservativen und somit tendenziell „antinationalen" Herrschaft besaß, da das Osmanische Reich die politisch-ökonomische Ordnung des europäischen Feudalismus nie gekannt hatte. Es bildete sich nach der „Serbischen Revolution" zwar relativ schnell eine Schicht grundbesitzenden und politisch herrschenden Adels. Doch die Zeit war zu kurz, um das Fürstentum in eine ständische Gesellschaft zu verwandeln. Sowohl bürgerlich-liberale als auch nationalistische Bewegungen stellten im jungen serbischen Staat keine grundsätzliche Gefahr für die herrschende Ordnung dar, mussten und konnten deswegen auch nicht ein „Oppositionsbündnis" eingehen. Das fürstlich betriebene „Projekt" der politischen Modernisierung Serbiens integrierte diese Bewegungen und profitierte von ihnen. Die Herrschaft selbst war Teil von ihnen. Die Chance bzw. die Notwendigkeit, einen Antagonismus zwischen Adel und Bürgertum in eine (subjektive) nationale Differenz zu übersetzen, bestand mithin gar nicht. Dies ist möglicherweise auch die Ursache dafür, dass die grenzüberschreitende Dynamik der Revolutionsjahre 1848/49 im Fürstentum nur auf geringe Resonanz stieß.

Vor diesem Hintergrund wird auch klar, warum ein Modell von Nationalismus, das zwischen einer emanzipativ-demokratischen Früh- und einer integral-expansiven Spätphase unterscheidet, für das serbische Beispiel nicht angemessen ist. Es gab keine emanzipatorische Frühphase, weil der Nationalismus keinen Nationalstaat mehr erkämpfen musste und ein „Bündnis" mit einer Demokratiebewegung, als das entscheidende Charakteristikum dieser Frühphase, konnte nicht geschlossen werden, weil eine solche Bewegung als gesellschaftlich relevanter Gegenpol nicht existierte.

Die Abwesenheit einer demokratischen Frühphase heißt jedoch nicht, dass der serbische Nationalismus automatisch und durchgängig eine systemerhaltende und –stabilisierende also konservative Ideologie gewesen war. Er wurde auch, und daran wird seine typisch „opportunistische" Eigenschaft deutlich, von oppositionellen Gruppen und linken Ideologien in Anspruch genommen. Die Kombination von Nationalismus mit agrarsozialistischen Ideen, wie sie bei Svetozar Marković und der von ihm beeinflussten Radikalen Partei anzutreffen war, sind dafür das beste Beispiel. Die schnelle Integration der Radikalen Partei in das politische System des serbischen Staates weist wiederum auf das Fehlen eines ausgeprägten innenpolitischen Antagonismus hin.

4.1.5 Objektiv-Subjektiv

Ein politisch-subjektiver Nationalismus, der es dem Individuum überlässt, welcher Nation es angehört, der die nationale Identität untrennbar mit einer politischen Ordnung verknüpft, kann für den serbischen Nationalismus zu keiner Zeit geltend gemacht werden. In enger Anlehnung an die Ideen Herders entdeckte schon Karadžić die Sprache als das entscheidende Kennzeichen der Nation und erklärte kurzerhand alle diejenigen zu Serben, die den štokavischen Dialekt sprachen, unabhängig davon, ob die so Vereinnahmten damit einverstanden waren oder nicht. Der Umstand, dass die politischen Grenzen des serbischen Fürstentums und später des Königreichs nicht deckungsgleich mit den Sprachgrenzen waren, ist schließlich entscheidend für den expansiven und irredentistischen Charakter des serbischen Nationalismus, der ihn von der Jahrhundertmitte bis zu den Balkankriegen kennzeichnete. Als Großserbismus oder serbischer Piemontismus[158] strebte er danach, die von den Konnationalen bewohnten Territorien in Bosnien-Herzegowina, Österreich-Ungarn und dem Osmanischen Reich dem eigenen Staat anzugliedern.

Es ist jedoch fraglich, inwieweit der staatliche Expansionismus der Jahrhundertmitte, wie er z. B. im *Načertanije* zum Ausdruck kommt, primär ein nationalistisches Phänomen gewesen ist oder ob nicht vielmehr ein machtpolitisches und strategisches Interesse dahinter steckte, das sich nationalistisch legitimierte. Damit ist die grundsätzliche Frage angesprochen, ob Nationalismus als eine Funktion der Herrschaft von ihr instrumentalisiert wurde oder ein eigenes Phänomen darstellt, das nicht durch ein einfaches Kausalverhältnis zu erklären ist. Im Falle des *Načertanije* ist es wahrscheinlich, dass die nationalistische Begründung der Expansionsabsicht tatsächlich einer nationalistischen Motivation entsprang. Darauf deutet der Umstand, dass der Bericht als Geheimschrift verfasst wurde, also nicht für eine „Öffentlichkeit" bestimmt war, vor der etwas legitimiert werden musste. Außerdem ist zweifelhaft, ob zu diesem relativ frühen Zeitpunkt die fürstliche Herrschaft einer nationalistischen Legitimation überhaupt bedurfte. Einer Legitimation also, die dann notwendig wird, wenn ein gestiegenes Partizipationsbegehren eine herrschaftliche „Rechenschaftspflicht" einfordert. Dieses Wechselverhältnis zwischen einer Bevölkerung einerseits, die partizipieren will und vor der die Herrschaft legitimiert werden muss, und einer politischen Führung andererseits, die eben diese Legitimität nur noch erhält, wenn sie im Namen der Nation handelt, entsteht in Serbien zwar durch den Prozess der politischen Modernisierung. Vollständig ausgebildet ist es aber wohl erst am Anfang des 20. Jahrhunderts, als der Nationalismus zu einem Massenphänomen geworden war.

Wieso aber wies der serbische Nationalismus keine Merkmale des politisch-subjektiven Typs auf? Ein subjektiver Nationalismus setzt die Identifikation der Nation mit einer bestehenden oder zu schaffenden politischen Ordnung voraus. Über Exklusion und Inklusion entscheidet die Anerkennung dieser Ordnung durch das Individuum, weshalb ihre Gegner als politische und

---

[158] Während die Vorsilbe „Groß" bei jeglichem Nationalismus immer einen negativen Beiklang hat, wird der Begriff des Piemontismus eher positiv assoziiert. Im Grunde meinen beide Begriffe aber dasselbe, nämlich territoriale Expansion.

nationale Feinde gleichermaßen erkannt werden. Die Identifikation mit dieser Ordnung kann aber nur dann stattfinden, wenn sie den Partizipationsansprüchen der nationalen Bewegung gerecht wird. Vielleicht ist es für das Entstehen eines subjektiven Nationalismus entscheidend, dass diese Ordnung von der nationalen Bewegung regelrecht erkämpft werden muss. So gesehen muss es also neben einer Nationalbewegung auch eine demokratische oder republikanische Oppositionsbewegung geben, die durch ihre politischen Forderungen und Programme das Partizipationsbegehren angemessen repräsentiert. Nur dann, wenn die Opposition als nationale Bewegung schließlich in einem politisch-revolutionären Prozess erfolgreich ist, kann auch die neu errichtete Ordnung im Sinne des subjektiven Nationalismus identitätsstiftend sein bzw. unter den Identitätsangeboten eine Vorrangstellung einnehmen. Eine solche Situation, in der die nationalen Gegner im Inneren zu suchen und weniger durch explizit kulturelle sondern durch politische Merkmale zu erkennen sind, hat es im Serbien des 19. Jahrhunderts nicht gegeben. Eine Identifikation der Nationalisten mit der politischen Ordnung des Fürstentums und des Königreichs war von Anfang an gegeben, eine neue nationale Ordnung musste nicht gegen die Herrschaft erkämpft werden. Der nationale Feind war fast immer jenseits der politischen Grenzen zu suchen und er war nicht ein politischer Gegner, sondern stets „der Österreicher" oder „der Türke", der die eigene Nation von Außen bedrohende kulturell Fremde.

Der serbische Nationalismus war also ein objektiver Nationalismus. Ein wichtiges Argumentationsmuster des nationalistischen Expansionismus bildete das Nationalitätenprinzip, das jeder Nation das Recht auf politische Selbstbestimmung einräumt und − in der Vorwegnahme bzw. Behauptung dieses nationalen Willens − den Anspruch auf fremdstaatliches Territorium begründen kann. Im serbischen Fall wurde dem Nationalitätenprinzip noch ein weiteres Legitimationsmuster zur Seite gestellt, das historische Staatsrecht oder Territorialprinzip. Die Verlängerung der nationalen Existenz bis in das Mittelalter ermöglichte es, dass die Nationalisten ihre territorialen Ansprüche mit dem Hinweis auf die Wiederherstellung des *Dušanvo carstvo* legitimieren konnten. Dies war jedoch insofern hochproblematisch, wie gerade Mazedonien als Kernregion des mittelalterlichen serbischen Staates die unterschiedlichsten Ethnien und Nationen beheimatete − Gruppen, die nach dem Nationalitätenprinzip selbst Anspruch auf Selbstbestimmung gehabt hätten. Solange die politische und militärische Schwäche des serbischen Staates die Eingliederung der Gebiete verhinderte, solange fiel der Widerspruch zum Nationalitätenprinzip nicht auf. Oder es wurden beide Legitimationsmuster miteinander verbunden, indem diejenigen, die auf dem „historischen" serbischen Territorium siedelten, in ihrer Mehrheit kurzerhand zu Serben erklärt wurden. Die Aktivitäten der *komitadži*-Einheiten in Mazedonien zu Beginn des 20. Jahrhunderts sowie die Vertreibungen und Homogenisierungsmaßnahmen nach den Balkankriegen zeigen deutlich, in welch geringem Maße die beiden Prinzipien in der Praxis miteinander vereinbar waren. Das Nebeneinander von Selbstbestimmungsrecht und historischem Recht weist auf die ideologische Offenheit und den „opportunistischen" Charakter von Nationalismus. Die Ignoranz gegenüber dem zweifellos vom Nationalismus erschaffenen Nationalitätenprinzip weist dagegen auf den Wert und die Bedeutung von Nation, der auch nationalistische Prinzipien widerspruchslos geopfert werden konnten.

4.1.6 Religion

Besaß die serbische Nation aber einen so hohen Wert, dass sie der Religion Konkurrenz machen und sie in der Wertehierarchie ablösen konnte? Für das 19. und das frühe 20. Jahrhundert ist die Frage mit einem klaren Nein zu beantworten. Ein „Religionsersatz", neben der die Orthodoxie an Bedeutung verlor, war die serbische Nation zu keinem Zeitpunkt. Dies hängt jedoch nicht allein damit zusammen, dass ein regelrechter Massennationalismus, unter dem sich die religiösen Merkmale des Nationalismus wohl am ehesten entfalten können, erst am Ende des hier betrachteten Zeitraumes entstanden ist. Die orthodoxe Religion hatte im serbischen Nationalismus stets eine große Rolle gespielt. Schon vor der Nationsbildung war die ethnische Identität der Serben stark religiös geprägt. In den kriegerischen Auseinandersetzungen der Jahrhundertwende gewann die Religion weiter an Bedeutung. Die Kämpfe gegen die Janitscharen und Osmanen Anfang des 19. Jahrhunderts wurden zwar in erster Linie für politische Ziele geführt, doch der politisch-militärische Gegner gehörte gleichzeitig einer fremden Religion und einer anderen Sprachfamilie an. Der kulturelle Graben zwischen Orthodoxen und Muslimen nahm dadurch auch eine politische Dimension an. Nach der Zeit der „serbischen Revolution", dem Anfang des serbischen nation-building, wurde die Abgrenzung zum Islam und die Diskriminierung der Muslime zu einem konstitutiven Bestandteil des serbischen Nationalismus. Die Bedeutung der Religion für die nationale Identität nahm in dem Maße zu, wie es die politische Herrschaft verstand, die Bindung der orthodoxen Kirche an das Patriarchat von Konstantinopel zu lösen und eine serbische Nationalkirche zu etablieren. Indem die universalistische Orientierung der Kirche dem staatlichen Partikularismus untergeordnet wurde, konnte eine wichtige Vorraussetzung für das symbiotische und konkurrenzfreie Verhältnis von orthodoxer Religion und serbischem Nationalismus geschaffen werden.

Eine Gleichsetzung von Serbentum und Orthodoxie war im frühen Intellektuellennationalismus allerdings noch nicht vorhanden. Karadžić selber maß der Religionszugehörigkeit keine Bedeutung bei. Doch da die Bewohner des Fürstentums Serbien in ihrer Mehrheit orthodoxe Christen waren und die Religiosität der Menschen wie auch die Autorität der Kirche durch einen Säkularisierungsprozess nicht gelitten hatte, konnte im weiteren Verlauf des 19. Jahrhunderts nationale und religiöse Zugehörigkeit als Einheit gedacht werden. Die orthodoxe Kirche nahm im Alltagsleben der Serben eine starke Stellung ein und prägte zweifellos ihre nationale Ideologie, darauf weist z. B. die Verquickung von Kosovomythos und St. Vitus-Kult. Doch konnte die Religionszugehörigkeit auch zu einem „objektiven" Merkmal des serbischen Nationalismus werden? Für das nationalistische Expansionsstreben war eine solche Zuordnung nur hinderlich, da in den Gebieten, die als serbisches Territorium beansprucht wurden, die orthodoxen Christen zum Teil nur eine Minderheit stellten. Vermutlich nahm die Religionszugehörigkeit jedoch an Bedeutung zu, je weiter der Nationsbildungsprozess der benachbarten Ethnien voranschritt. Für die Serben des Fürstentums besaß die Religion als Identitäts- und Abgrenzungsmerkmal so lange eine untergeordnete Rolle, wie innerhalb der staatlichen Grenzen der hohe Grad an ethnischer Homogenität aufrechterhalten werden konnte. Erst nach den Gebietsgewinnen im Zuge der Balkankriege waren die Serben auch mit anderen Nationalismen und ethnischer Differenz konfrontiert. Das nationalistische Bedürfnis nach Homogenisierung hob die Religionszugehörigkeit schließlich in den Rang eines objektiven Merkmals.

Eine „Ignoranz" gegenüber der Religion konnten sich die Serben in den habsburgischen und osmanischen Besitzungen nicht leisten. Ihre Identität wurde nicht durch einen staatlichen Rahmen geschützt und definiert, so dass die Religionszugehörigkeit hier eine bedeutendere Rolle spielte als im serbischen Staat. Besonderes Gewicht erlangte sie in der Auseinandersetzung mit dem kroatischen Nationalismus. Die sowieso schon geringen Unterschiede zwischen dem serbischen und kroatischen Dialekt verringerten sich durch die Bemühungen der Sprachvereinheitlichung im Verlauf des 19. Jahrhunderts immer weiter. Weil die Sprache also für die Feststellung einer objektiven Differenz nicht geeignet war, nahm die Religion an Bedeutung zu.

4.2 Kroatischer Nationalismus

Entscheidende Strukturbedingung für die Entstehung des kroatischen Nationalismus war die seit dem Mittelalter fortdauernde Existenz einer politisch-territorialen Einheit Kroatien. Zwar wurde die Eigenstaatlichkeit Kroatiens durch die *pacta conventa* abgeschafft, doch im Unterschied zur serbischen Integration in das Osmanische Reich blieben die politischen Institutionen von *Sabor* und *Ban* erhalten, so dass sich auf diese Weise auch eine eigene ethnisch-kroatische Identität entwickeln und verfestigen konnte. Es kann vor diesem Hintergrund davon ausgegangen werden, dass die ethnische Identität in Kroatien zu Beginn des 19. Jahrhunderts viel ausgeprägter gewesen ist, als in Serbien, das durch die osmanische Eroberung die Symbole und Institutionen der politischen Herrschaft verloren hatte. Während aber in Serbien eine faktische Eigenstaatlichkeit erreicht wurde, die dem tradierten ethnisch-religiösen Bewusstsein sehr bald Merkmale einer nationalstaatlichen Identität hinzufügen oder dieses Bewusstsein mit einer solchen Identität kombinieren konnte, benötigte Kroatien diesen „Katalysator" des Nationalen nicht. Allerdings waren die kroatischen politischen Strukturen wiederum nicht so stark, dass sie die Entstehung eines Nationalismus begünstigen konnten, in der Weise, wie es in Serbien der Fall gewesen ist. Der „Katalysator" des kroatischen Nationalismus bestand im expansiven ungarischen Nationalismus, in den Magyarisierungsbestrebungen, die nicht nur als Bedrohung der ethnischen Identität wahrgenommen wurden, sondern auch die politische Autonomie innerhalb der Monarchie gefährdeten. Viel mehr als in Serbien, das weder vor noch nach der Unabhängigkeit unter Assimilierungsdruck stand, hatte der Nationalismus in Kroatien von Anfang an den Charakter einer Abwehrstrategie. So waren die ersten Regungen des kroatischen Nationalismus auch kein Kampf für einen unabhängigen Staat, sondern ein Kampf gegen Veränderung, für die Behauptung der ethnischen Differenz und für den Erhalt der kroatischen Munizipalrechte. Die Magyarisierungsbestrebungen führten jedoch zunächst nicht zu einem starken kroatischen „Gegennationalismus". Das propagierte Identitätsmodell war der Illyrismus mit seiner Betonung einer südslawischen Gemeinsamkeit, die vor allem im kulturell-sprachlichen Bereich gesucht wurde. Ab der Jahrhundertmitte, nach den Erfahrungen und Enttäuschungen der Revolutionsjahre, manifestierte sich dann schließlich der „typische" kroatische Nationalismus als Kroatismus, der nach Grenzveränderungen strebte. Es ist allerdings bemerkenswert, dass sich der Jugoslawismus neben dem Kroatismus als konkurrierende Ideologie behaupten konnte. Seine Existenz deutet darauf hin, dass im frühen 19. Jahrhundert noch andere Modelle kollektiver Identität denk- und durchsetzbar waren. Eine ausgebildete kroatische Identität war zu diesem Zeitpunkt nicht vorhanden, erst in der zweiten Hälfte des Jahrhunderts verfestigten sich die kroatistischen Symbole, Geschichtsbilder und Mythen zu einer einheitlichen Ideologie. Wie aber lässt sich die Popularität und Attraktivität des Jugoslawismus auch in der Zeit erklären, in der der Kroatismus an Anhängerschaft gewann? Möglicherweise war der Jugoslawismus nur eine kroatistische Strategie, die im Bewusstsein der eigenen politischen Schwäche auch Serben und Slowenen für die kroatische Sache zu mobilisieren versuchte.[159] Andererseits besteht kein Grund die Ehrlichkeit der Jugoslawisten anzuzweifeln. Angesichts der erst in Entstehung befindlichen kroatischen, serbischen und slowenischen Nationalbewegung hätte durchaus die Chance für die Bildung einer jugoslawischen Nationalbewegung bestanden. Der Illyrismus/Jugoslawismus konnte sich vermutlich deswegen nicht durchsetzen, weil es ihm nicht gelang, an die Traditionsbestände älterer Herrschaften anzuschließen, eine historische Kontinuität überzeugend zu konstruieren und auf diese Weise an Attraktivität in der Bevöl-

---

[159] Diesen Vorwurf, Jugoslawismus zu sagen, aber eigentlich nur die eigene Nation zu meinen, ist vor allem den Serben im Ersten Jugoslawien gemacht worden, häufig auch zu Recht. BEHSCHNITT, Nationalismus, S. 67, sieht in diesem „Pseudo-Jugoslawismus" sogar einen besonderen Typus des serbischen aber auch des kroatischen Nationalismus. Für den kroatischen Jugoslawismus des 19. Jahrhunderts stellt Günter SCHÖDL, Kroatische Nationalpolitik, S. 26, fest: *„Im Jahre 1848 kristallisierte sich (...) bereits heraus, dass das Jugoslawismusinteresse der Südslawen in beträchtlichem Maße nur Funktion äußeren Drucks war (...)."*

kerung zu gewinnen. Der Jugoslawismus war vielleicht doch zu sehr Idee geblieben, zu sehr konstruiert und ohne Anschlussmöglichkeiten an bestehende kollektive Identitäten.

4.2.1 Modernisierungskrisen

Wie sah das Verhältnis zwischen Nationalismusgenese und Modernisierungsprozess aus? Es ist schon darauf hingewiesen worden, dass die kroatischen Regionen innerhalb der Monarchie ökonomische Peripherie blieben. Eine kapitalistische Entwicklung setzte erst in der zweiten Hälfte des 19. Jahrhunderts nach den Bach´schen Reformen ein, zu einem Zeitpunkt, als sich eine Nationalbewegung schon längst etabliert hatte. Ökonomische Modernisierung als Strukturbedingung für eine Nationalismusgenese trifft für den kroatischen Fall nicht zu. Insofern gilt hier Ähnliches wie für den serbischen Nationalismus: die Erschaffung der Nation war kein Ersatz für verlorene oder zerstörte traditionale Identitäten.

Die Tatsache, dass die ersten Regungen des kroatischen Nationalismus eine Reaktion auf die Magyarisierungsbestrebungen gewesen waren, rückt die politische Modernisierung in den Vordergrund. Es waren die Bemühungen der ungarischen Herrschaft, das von ihr beanspruchte Territorium zu vereinheitlichen und zu kontrollieren, die eine nationalistische Reaktion in Kroatien provoziert haben. In diesem Sinne kann der Illyrismus und die Bemühung um die Behauptung einer ethnischen Differenz als Ausdruck und Folge einer Penetrationskrise im ungarischen Reichsteil verstanden werden. Eine ähnliche Wirkung hatten auch die als fremdbestimmt wahrgenommenen Bach´schen Reformen in den 1860er Jahren, die nationalistische Ressentiments gegenüber den „Bachianern" geweckt haben.

Der aufkeimende kroatische Nationalismus stellte gleichzeitig die ungarische Herrschaft in Frage, wenn auch nicht in einem systembedrohenden Maße. Doch im weiteren Verlauf des Jahrhunderts war er die Ursache für eine bis zum Zusammenbruch der Monarchie ständig schwelenden Legitimitätskrise. Die Budapester Regierung fand darauf nur unangemessene Antworten, wie z. B. den kroatisch-ungarischen Ausgleich von 1868 oder das repressive Regime des *Banus* Khuen-Héderváry.

Bezüglich der Entstehung des kroatischen Nationalismus ist es jedoch nicht ausreichend, als Ursache allein die Penetrationskrise heranzuziehen. Er konnte auch deswegen entstehen, weil die Idee der Nation und die Ideologie des Nationalismus jenseits der kroatischen Grenzen schon vorlagen und übernommen werden konnten. Der ungarische Nationalismus z. B. war nicht nur Bedrohung, sondern wirkte auch als eine Art Vorbild, als eine zu importierende und auf die kroatischen Verhältnisse abzustimmende Idee. Nationalismus als Transfergut spielte in Kroatien wahrscheinlich eine bedeutendere Rolle als in Serbien. Die Entstehung des serbischen Nationalismus ist zwar auch nicht ohne den Ideentransfer zu verstehen, wie der Einfluss Herders auf Karadžić zeigt, hinzu kam hier aber die den Nationalismus begünstigende Existenz eines Staates, der den Nationalismus mittels politischer Modernisierung strukturell hervorbrachte und durch politische Entscheidungen bewusst förderte. Der Vergleich des serbischen mit dem kroatischen Nationalismus macht deutlich, dass staatliche Modernisierung nur dann eine Strukturbedingung des Nationalismus im Sinne von Vereinheitlichung und Angleichung sein kann, wenn kein konkurrierender Nationalismus als eingeführtes Transfergut vorliegt. Liegt er aber vor und kann seine Wirkung als starke und systembedrohende Oppositionsbewegung entfalten, laufen die Vereinheitlichungsbemühungen ins Leere.

4.2.2 Staat und Nation

Das Verhältnis zwischen Staat und Nation war in Kroatien ein grundsätzlich anderes als in Serbien. Über einen eigenen Staat verfügte die kroatische Nation im 19. Jahrhundert genauso wenig wie über eine politische Autonomie, die vergleichbar mit der des serbischen Fürstentums unter osmanischer Herrschaft gewesen wäre. Das Verlangen nach politischer Unabhängigkeit und Selbstverwaltung war für den kroatischen Nationalismus durchaus kennzeichnend, weshalb man ihn gemäß der Schieder'schen Typologie durchaus als einen sezessionistischen Nationalismus bezeichnen könnte. Doch bei näherem Hinsehen lässt sich, ähnlich wie für den serbischen Fall, eine eindeutige Verortung in diesem Modell nicht vornehmen. Der Gedanke einer Abspaltung vom Habsburger Reich mag bei vielen Nationalisten vorhanden gewesen sein, ausgesprochen wurde er indes bis kurz vor dem Ersten Weltkrieg fast nie, und selbst dann war es nicht ein exklusiv kroatischer Staat, der von der Jugendbewegung gefordert wurde, sondern ein jugoslawischer. Die Ausnahme in der frühen Zeit des kroatischen Nationalismus bildete die exklusive sezessionistische Ideologie des Ante Starčević. Ihren augenfälligsten Ausdruck fand sie in dem gescheiterten Aufstandsversuch von Eugen Kvaternik 1871. Doch diese Radikalität war bei den meisten kroatischen Nationalisten des 19. Jahrhunderts, insbesondere nach den Ausgleichsverhandlungen, nicht mehr anzutreffen. Ihre politischen Ambitionen waren auf Veränderungen innerhalb der Monarchie gerichtet. Beispielhaft ist der von den Kroaten eingeforderte Trialismus, die dem Dualismus des österreichisch-ungarischen Ausgleichs nachempfundene Gleichberechtigung von Ungarn, Österreichern und Südslawen.[160] Auffällig ist auch der Nationalismus der kroatistischen Frank-Partei, die um die Jahrhundertwende die größte Bedrohung der kroatischen Identität in den Serben entdeckte, den Verbleib in der Monarchie aber nicht nur nicht in Frage stellte, sondern sogar eine enge Anlehnung an Österreich suchte. Der kroatische Nationalismus war insgesamt gesehen nicht revolutionär, nicht einmal 1848/49. Es war ein gemäßigter, in Parteien organisierter Nationalismus, der nach Reformen und politischer Repräsentanz strebte. Das, was die kroatischen Nationalisten leitete, war ihr Realismus, ihre Einsicht in das Machbare. Das Wissen um ihre politische Schwäche und die innere Stärke der österreichisch-ungarischen Herrschaft ließen den Sezessionsgedanken zur puren Utopie werden. Hinzu kam, dass die Kroaten ganz auf sich allein gestellt waren. Einen Bundesgenossen, wie ihn die Serben in Russland gefunden hatten, war nicht vorhanden.

Hinsichtlich des Jugoslawismus muss eine weitere Einschränkung vorgenommen werden. Bezogen auf die gesamte Monarchie war er im obigen Sinne durchaus sezessionistisch, doch in seinem Bemühen um eine Vereinigung der habsburgischen Südslawen war er unifizierend. Dieser Aspekt gewinnt besonders im frühen 20. Jahrhundert an Bedeutung, als es nicht mehr nur um die habsburgischen Südslawen ging, sondern nun vor allem die Serben des Fürstentums gemeint waren und der Jugoslawismus tatsächlich zu

---

[160] Der österreichisch-ungarische Ausgleich besaß für viele Nationen des südöstlichen Europas Vorbildcharakter. So strebten auch die Bulgaren einen mit dem Dualismus vergleichbaren Autonomiestatus ohne Bruch mit dem Osmanischen Reich an, ebenso wie Griechen und Albaner, vgl. TODOVORA, Erfindung, S. 237. Aus diesem Verzicht auf einen Nationalstaat schließt Miroslav Hroch, dass das Streben nach politischer Selbstständigkeit kein allgemeines Kennzeichen des Nationalismus sein könne, HROCH, Nationales Bewusstsein, S. 49.

einer Grenzen sprengenden wie schaffenden Kraft wurde.[161] Diese Einschränkung gilt abgemildert auch für den späten Kroatismus, dessen Zielvorstellung schließlich das „Dreieinige Königreich" gewesen ist, die Vereinigung von Dalmatien, Slawonien, der Militärgrenze und Banalkroatien innerhalb der Donaumonarchie.

Der kroatische Nationalismus war sowohl sezessionistisch wie auch unifizierend. Integrierende Merkmale, wie im serbischen Fall, wies er nicht auf, da die notwendige Bedingung der Staatsbildung im 19. Jahrhundert nicht stattgefunden hatte. Die Unterscheidung in assoziative, dissoziative und integrative Nationalismen, so lässt sich zusammenfassend feststellten, ist für die Analyse des serbischen wie des kroatischen Nationalismus nicht sinnvoll.

4.2.3 Verlauf

Der Verlauf des kroatischen Nationalismus stimmt mit dem Phasenmodell von Miroslav Hroch größtenteils überein. Die Aktivitäten der Illyrer in den 1830er und 1840er Jahren kennzeichnen die erste Phase des Intellektuellennationalismus. In dieser Zeit bemühten sich die frühen Nationalisten um die Herstellung einer „geistigen" Einheit und die Bewusstwerdung einer nationalen Identität, die noch als südslawisch verstanden wurde. Ihr kultureller Nationalismus konzentrierte sich auf die Sprachvereinheitlichung, die Propagierung des Štokavischen als Sprache aller Südslawen. Die Existenz der kroatischen Munizipalrechte und die relative Autonomie innerhalb des ungarischen Staatsverbandes trugen dazu bei, dass schon sehr bald neben dem kulturellen Schwerpunkt auch politische Forderungen Eingang in den kroatischen Nationalismus fanden. Die kroatischen Selbstverwaltungsrechte übte zwar nur der Hochadel aus, der einer nationalistischen Bewegung eher ablehnend

---

[161] Zu diesem Zeitpunkt, als Kroatismus und Jugoslawismus feindliche politische Lager bildeten, kann auch nicht mehr vom Jugoslawismus als einer Spielart des kroatischen Nationalismus gesprochen werden. Die Distanz zum exklusivistischen Kroatismus war zu groß. Hans Lemberg weist auf die Besonderheit des Jugoslawismus und seinen assoziativ-nationalistischen Charakter hin. Im Unterschied zu anderen unifizierenden Nationalismen wählt er für den Jugoslawismus jedoch den Begriff des „supra-nationbuilding" oder „Konstruktion synthetischer Nationen" und stellt ihn in eine Reihe mit dem tschechoslowakischen und sowjetischen Nationalismus. Die Möglichkeit, „richtige" Nationen bilden zu können, wird diesen Nationalismen dabei nicht abgesprochen. Hans LEMBERG, Der Versuch der Herstellung synthetischer Nationen im östlichen Europa im Lichte des Theorems vom nation-building, in: SCHMIDT-HARTMANN, Formen, S. 145-161.

gegenüber stand. Doch die Verteidigung dieser Rechte angesichts der Magyarisierungsbestrebungen, die Behauptung einer Eigenstaatlichkeit und das Postulat einer historischen kroatischen Nation konnten problemlos Teil des nationalistischen Engagements werden, das vor allem die kroatistische Variante des kroatischen Nationalismus prägte. Sie entstand fast zeitgleich mit der illyrischen Strömung und bildete mit ihr eine ideologische Schnittmenge. Erst nach der Revolutionszeit konnten die beiden Hauptströmungen des kroatischen Nationalismus als konkurrierende Identitätsmodelle auch personell und organisatorisch voneinander unterschieden werden. Die kulturelle Phase des Nationalismus ging also relativ schnell in die Mobilisierungsphase des politisch organisierten Nationalismus über. Bis diese dann schließlich durch einen Massennationalismus abgelöst wurde, dauerte es bis zum Anfang, wenn nicht sogar bis zur Mitte des 20. Jahrhundert. Es ist fraglich, ob in der Zeit vor Gründung Jugoslawiens schon von einem kroatischen Massennationalismus gesprochen werden kann. Zweifellos hat die Nationalisierung der kroatischen Bevölkerung seit den 1830er Jahren stetig zugenommen, doch weder Jugoslawismus noch Kroatismus waren in der Lage große Menschenmengen für ihre Ziele zu mobilisieren. Zwar können die Jugendbewegungen, die den institutionalisierten und als harmlos empfundenen Nationalismus ihrer älteren Mitstreiter lautstark ablehnten, durchaus als Folge einer Festigung der nationalen Identitäten verstanden werden. Aber wie groß war der Teil der Bevölkerung, den sie wirklich repräsentierten? Es ist wahrscheinlich, dass der kroatische Nationalismus sich noch zu Beginn des 20. Jahrhunderts in der Mobilisierungsphase befunden hat, wenn auch an ihrem Ende. Die Bevölkerung ist vermutlich erst in den folgenden Jahren, nach Krieg und Gründung Jugoslawiens, von der nationalen Ideologie soweit durchdrungen worden, dass von einem Massennationalismus gesprochen werden kann.

    Meines Erachtens sind für die lange Mobilisierungsphase mehrere Gründe verantwortlich. Kommen politische und ökonomische Modernisierung als strukturelle Ursachen für die Entstehung des kroatischen Nationalismus nicht in Frage, ist ihre Abwesenheit bzw. Verzögerung doch der Grund für die relativ lange Zeit, die der Nationalismus benötigte, um sich als Identitätsmodell durchzusetzen. Das Entstehen eines Kommunikationsraumes, der ein ökonomisch, politisch und kulturell vereinheitlichtes, eben nationales Territorium werden konnte, ist erst durch die Reformen des Systems Bach und die

Regelungen der *nagodba* ermöglicht bzw. beschleunigt worden. Das Fehlen einer weitgehenden politischen Autonomie bedeutete aber nicht nur die Abwesenheit einer fördernden strukturellen Bedingung des Nationalismus. Im Gegensatz zu Serbien konnte nur sehr langsam eine den Staat stützende und von seiner Existenz abhängige Beamtenschaft entstehen, eine Berufsgruppe, die für den Nationalismus als identitätsstiftende Ideologie besonders empfänglich war. Schließlich gab es in Kroatien auch keine Administration, die den Nationalismus bewusst sanktionierte um Expansionspläne durchsetzen zu können oder generell Legitimation in der Bevölkerung zu erhalten. Weitere restriktive Bedingungen für eine umfassende Nationalisierung waren das konkurrierende Nebeneinander von Jugoslawismus und Kroatismus, sowie die Aufsplitterung der kroatischen Nationalbewegung auf mehrere administrative Einheiten. Sie erschwerte die Ausbildung eines nationalen Kommunikationsraumes zusätzlich und ließ unterschiedliche Zielvorstellungen innerhalb der Bewegung entstehen. Anders als in Serbien waren die Kroaten auch weitgehend von kriegerischen Auseinandersetzungen verschont geblieben, die im Weber'schen Sinne umfangreiche nationale Erinnerungsgemeinschaften hätten gründen können. Die Konflikthaftigkeit des kroatischen Nationalismus beschränkte sich fast ausschließlich auf das Verhältnis zu den Serben, die von dem kroatistischen Teil der Nationalbewegung zum nationalen Feind deklariert wurden. Warum diese Rolle von den politisch mächtigeren Österreichern und Ungarn auf die Serben überging, die objektiv keine Bedrohung für eine kroatische Identität darstellten, kann vielleicht durch die Erfolglosigkeit und politische Ohnmacht der Nationalbewegung erklärt werden. So gesehen besaß die Abgrenzung zu den Serben eine identitätserhaltende Wirkung, die der Kampf gegen die österreichisch-ungarische Suprematie am Ende des 19. Jahrhunderts schon lange nicht mehr hatte.

Die imaginierte Gemeinschaft der Nation verfügte insgesamt relativ lange über relativ wenige Anknüpfungspunkte an die Realität, die der Konstruktion einen erfahrbaren Kern gegeben hätten, weder im militärischen, im wirtschaftlichen noch im politischen Bereich. Eine staatliche oder quasistaatliche Einrahmung und Förderung der Nationalbewegung, die diese Anknüpfungsmöglichkeiten hätte schaffen können, existierte nicht und dies ist vielleicht der entscheidende Grund für die lange Mobilisierungsphase des kroatischen Nationalismus.

4.2.4 Partizipation

Die Unterscheidung des Nationalismus in eine emanzipatorische Früh- und eine integrale Spätphase ist für den kroatischen Nationalismus zutreffender als für den serbischen Nationalismus, obwohl auch hier Abweichungen von dem im Theoriekapitel beschriebene Idealtypus festzustellen sind. Die Überschneidung von National- und Demokratiebewegung als Merkmal des emanzipatorischen Nationalismus weisen Jugoslawismus und Kroatismus gleichermaßen auf. Schließlich ging es ihnen um den Erhalt und den Ausbau der kroatischen Repräsentanz innerhalb des politischen Rahmens der Monarchie. Insofern war die Nationalbewegung auch eine oppositionelle Bewegung, deren demokratischer Charakter deutlich während der Revolutionsperiode hervortrat. Die „Zahtijevanja naroda" von 1848 trugen die Handschrift des bürgerlichen Liberalismus dieser Zeit, der Forderungen nach nationalen, demokratischen und ökonomischen Reformen bündelte. In den Jahren der Restauration und des Bach'schen Absolutismus behielt der kroatische Nationalismus den Charakter einer Oppositionsbewegung, doch so deutlich wie 1848 kam er nicht mehr zum Vorschein. Einer der Gründe, warum die Nationalbewegung viel von ihrer Dynamik verlor, war neben dem politisch repressiven Klima dieser Jahre auch die erfolgreiche Modernisierungskampagne des Systems Bach. Viele Forderungen von 1848, wie die nach Agrarreformen, Rechtssicherheit oder Rechtsgleichheit wurden umgesetzt, so dass auf diese Weise das „Bündnis" von Nationalismus und bürgerlicher Emanzipationsbewegung an Stärke einbüßte.[162] Diese Schwächung der Nationalbewegung äußerte sich auch in der ideologischen Aufsplitterung in eine jugoslawistische, unionistische und kroatistische Strömung, von der die letzte schließlich die radikalste, kompromissloseste und oppositionellste war.

Während Jugoslawismus und Unionismus ihrer ideologischen Linie relativ treu blieben, kann das vom Kroatismus nicht behauptet werden. War dieser unter der maßgeblichen Leitung Starčevićs noch bis in die 1890er Jah-

---

[162] Dieser Umstand verweist wiederum auf den instrumentellen Charakter des Nationalismus, auf die Nutzbarmachung der universellen Ideologie für partikularistische Zwecken. Dabei soll nicht generell die nationalistische Orientierung derjenigen angezweifelt werden, die vornehmlich eine bürgerliche Gesellschaft erstreiten wollten. Vielmehr deutet die Interessenüberschneidung darauf hin, dass fördernde und restriktive Bedingungen des Nationalismus nicht allein in strukturellen ökonomischen und politischen Entwicklungen zu suchen sind.

re ein nach Sezession strebender, die Volkssouveränität behauptender, antiklerikaler Nationalismus, dessen Feind vor allem in Österreich und der Monarchie gesehen wurde, änderte sich der Charakter der Rechtspartei nach Starčevićs Tod erheblich. Unter Josip Frank wandelte sie sich zu einer Partei des politischen Katholizismus, die einer nationalrevolutionären Lösung eine eindeutige Absage erteilte. Die besten Verhältnisse für ihr kleinbürgerliches Klientel erblickte sie in dem Erhalt der Monarchie, während der eigentliche Feind kroatischer Identität in den Serben ausgemacht wurde. Der Wechsel von einem demokratischen in einen integralen Nationalismus zu diesem Zeitpunkt ist bemerkenswert, bedenkt man, dass dieser Typus in der Regel erst in konsolidierten Nationalstaaten auftritt, also dann, wenn die Nation nicht mehr gegen die bestehende Herrschaft durchgesetzt, sondern gegen innere wie äußere Feinde verteidigt werden muss. Allerdings war dieser gewandelte Kroatismus nicht repräsentativ für die kroatische Nationalbewegung der Jahrhundertwende, er stellte nur einen relativ kleinen Ausschnitt dar. Wesentlich markanter war hingegen die kroatische Jugendbewegung und ihre Herrschafts- und Religionskritik. Dennoch ist das Auftreten der integralen Variante des Nationalismus ohne einen durchgesetzten Nationalstaat auffällig. Möglicherweise tritt hier die Funktion des Nationalismus hervor, einen bestehenden sozialen und materiellen Status gegen Konkurrenz und fremde Ansprüche ideologisch zu verteidigen und zu legitimieren, indem die Bedrohung der Nation mit der Bedrohung des eigenen Status gleichgesetzt wird. Ist dieser Status der ökonomischen Existenz in erster Linie nicht mehr durch die fremdnationale Herrschaft bedroht, sondern, wie in Kroatien am Anfang des 20. Jahrhunderts, durch die serbische Konkurrenz, ist das Projekt der Nationalstaatsbildung nicht mehr vordergründig und die integrale Spielart des Nationalismus kann schon vor dem Erreichen dieses Ziels auftreten. Zur Untermauerung dieser These müsste eine Motivforschung und die detaillierte Analyse der ökonomischen Verhältnisse Kroatiens vorgenommen werden.

    Zusammenfassend lässt sich feststellen, dass die starre Unterteilung in eine emanzipatorische Früh- und eine integrale Spätphase für den betrachteten Zeitraum nicht anwendbar ist. Zwar zeigte sich deutlich die demokratische Frühphase, gefolgt von Tendenzen des integralen Nationalismus. Doch die volle Entfaltung des integralen Nationalismus als Typ wäre wohl nur unter den Bedingungen eines kroatischen Nationalstaates möglich gewesen. Einen

Hinweis darauf gibt der Radikalnationalismus der kroatischen *Ustaša* während der kurzen Existenz des „Unabhängigen Staates Kroatien" 1939-1945.

4.2.5 Objektiv-Subjektiv

Die Bedingungen für das Entstehen eines subjektiven Nationalismus waren in Kroatien noch ungünstiger als in Serbien. Ein state-into-nation-Modell, das die Identifikation der Nationalisten mit der vorhandenen politischen Ordnung ermöglicht und die Ausbildung subjektiver Integrationsmerkmale erlaubt hätte, trifft für den kroatischen Nationalismus nicht zu. Ebenso wenig fand die gleichzeitige Entstehung von Staat und Nation mittels eines revolutionären Prozesses statt. Die Möglichkeit dazu hätte in den Umbruchjahren 1848/49 bestanden. Zu diesem relativ frühen Zeitpunkt war die Idee der kroatischen Nation noch „formbar", hätte noch um subjektiv-politische Elemente bereichert werden können. Doch das „Bündnis" zwischen National- und Demokratiebewegung war zu schwach. Eine Autonomie oder Eigenstaatlichkeit, die die Konstruktion der kroatischen Nation hätte mitprägen können, ist nicht durchgesetzt worden. Statt dessen wurde der Weg des objektiv-kulturellen Nationalismus beschritten.

Ein „reiner" subjektiver Typ, der ausschließlich nach politischen Kriterien unterschieden hätte, wäre für den kroatischen Nationalismus sowieso nicht denkbar gewesen. Schon der Illyrismus machte objektive Kriterien geltend, vor allem im kulturell-sprachlichen Bereich. Der Nationalismus von Illyrern und Jugoslawisten unterschied sich vom Starčević-Kroatismus also nicht typologisch, indem er z. B. mehr subjektive oder demokratische Eigenschaften aufwies. Die Differenzen bestanden vielmehr in der Auffassung darüber, welche Nation die eigentliche bzw. wichtigere sei, die südslawische oder die kroatische. Der objektive Nationalismus der Kroatisten war dabei tendenziell wesentlich konfliktträchtiger als der Jugoslawismus. Dies insbesondere deswegen, weil die Konstruktion einer südslawischen Gemeinschaft die ethnische Differenz zwischen Kroaten, Serben und Slowenen nicht leugnete und eine besondere Ethnie weder bevorzugte noch vereinnahmte. Hinzu kam, dass die Jugoslawisten einen südslawischen Staat nicht offen anstrebten. Die zweifellos brisante Frage nach den geographischen Grenzen eines solchen Staates trat als zweitrangig in den Hintergrund.

Ganz anders dagegen verhält es sich mit dem Kroatismus. Eine doppelte Identität, südslawisch und kroatisch, kam für ihn nicht in Frage. Die Exklusivität des Kroatischen kombiniert mit dem Sezessionsgedanken machte allerdings eine genaue Definition der Nation und ihres Territoriums notwendig. Wie die serbischen Nationalisten bemühte auch Starčević das Staatsrecht um die territorialen Ansprüche eines zu errichtenden großkroatischen Staates zu legitimieren. Im Unterschied zu den Jugoslawisten konnte er dabei viel plausibler historisch argumentieren, indem er auf die mittelalterlichen kroatischen Staatswesen und die Kontinuität der Munizipalrechte verwies. Aber wie im serbischen Nationalismus steht auch bei ihm das die Sezession legitimierende Nationalitätenprinzip im Widerspruch zum historischen Staatsrecht. Slowenen und Serben wurden kurzerhand als Kroaten vereinnahmt und ihre Nationalbewegungen ignoriert. Der spätere Kroatismus der Frank-Partei konnte sich diesen „Luxus" der Ignoranz nicht mehr leisten, denn die Existenz einer serbischen Nation, auch innerhalb des Habsburger Reiches, war nicht mehr zu leugnen. Zu weit war ihre Genese Ende des 19. Jahrhunderts vorangeschritten.

4.2.6 Religion

Seinen objektiven Charakter verlor der kroatistische Nationalismus aber keineswegs. Die kroatistische Anerkennung der serbischen Nation erforderte ein Abgrenzungsmerkmal. Die Sprache konnte diese Funktion nur schwer erfüllen, nicht zuletzt wegen der Vereinheitlichungsbemühungen von Illyrern und Jugoslawisten. Statt dessen bildete die Religion das zentrale Unterscheidungskriterium. Im letzten Drittel des 19. Jahrhunderts rückte die Religionszugehörigkeit aus der Bedeutungslosigkeit heraus, die sie noch in der Zeit des frühen Intellektuellennationalismus besessen hatte. Orthodoxie und Katholizismus wurden fortan immer häufiger mit serbischer und kroatischer Identität verbunden, sie gewannen den Charakter einer objektiven nationalen Eigenschaft.

Dieses Verhältnis zwischen Religion und Nation ist jedoch keineswegs charakteristisch für die gesamte Nationalbewegung. So behielt der Jugoslawismus seine Toleranz gegenüber der religiösen Orientierung bis zuletzt bei. Die Bedeutungslosigkeit der Religionszugehörigkeit war schließlich konstitutiver Bestandteil seiner Ideologie. Aber selbst für den Kroatismus war der Klerikalismus der Frank-Partei nicht repräsentativ. Als die Rechtspartei sich um die Jahrhundertwende in mehrere Fraktionen und Strömungen aufspaltete, näherte sich ein Teil sogar der antiklerikal und jugoslawistisch orientierten Bewegung an. Auch in den Jahren vorher war die Religionszugehörigkeit gemäß der Ideologie Starčevićs, der in erster Linie territorial und mit dem historischen Staatsrecht argumentierte, unbedeutend. Überhaupt war die Religion als Abgrenzungsmerkmal zu den erklärten Feinden, den Österreichern und Ungarn, ungeeignet. Wie die Kroaten gehörten auch sie überwiegend der katholischen Kirche an.

Die Uneinheitlichkeit der kroatischen Nationalbewegung und ihre relative Erfolglosigkeit trugen mit dazu bei, dass die religiöse Identität verhältnismäßig lange von der nationalen Identität unberührt blieb. Eine intensive symbiotische Beziehung, wie sie in Serbien zu beobachten war, trat nicht ein. Die Religion selbst war weder von einem Säkularisierungsprozess bedroht, auf den die Kirchen mit einer Nationalisierung hätten reagieren können, noch wurde sie, wie in Serbien, von einer zentralistischen kroatischen Herrschaft für deren nationalistische Zwecke vereinnahmt und instrumentalisiert. Der höhere katholische Klerus Kroatiens war eher politisch konservativ und suchte die Nähe zu Wien.

Diese untergeordnete Rolle, die die Religion innerhalb der Nationalbewegung lange Zeit einnahm, bedeutet jedoch im Umkehrschluss nicht, dass die Religion insgesamt zu Gunsten der Nation an Bedeutung verlor. Die Nation avancierte nicht zum Religionsersatz. Vor allem in den ländlichen Bereichen, die vom politisch-ökonomischen Modernisierungsprozess, und damit auch von einem Nationalisierungsprozess, erst spät erfasst wurden, kann von einem Bedeutungsverlust kaum gesprochen werden. Aufgrund der langen, von politischer Erfolglosigkeit und interner ideologischer Differenz geprägten Mobilisierungsphase des kroatischen Nationalismus, der kaum Anknüpfungspunkte an die Religion suchte, blieb die Schnittmenge zwischen Religion und Nation sehr gering. Beide Ideengebäude existierten fast konkurrenzfrei nebeneinander.

Angesichts der Heterogenität des kroatischen Nationalismus ist sein Verhältnis zur Religion schwer zu klassifizieren. Das Modell von O´Brien, das zwischen auserwählter, heiliger und vergöttlichter Nation unterscheidet, kann für das 19. und frühe 20. Jahrhundert deshalb kaum angewendet werden. Allerdings ist der Trend eines an Einfluss gewinnenden Katholizismus urübersehbar. Die zunehmenden Konflikte zwischen Serben und Kroaten innerhalb der Monarchie begünstigten die Identifikation mit dem Katholizismus, zumal die Serben ihrerseits aus der Einheit von Serbentum und Orthodoxie keinen Hehl machten.

5 Fazit

Die Analyse des kroatischen und serbischen Nationalismus mit Hilfe der einleitend vorgestellten theoretischen Annäherungen zeigt die begrenzte Reichweite idealtypischer Modelle, insbesondere derjenigen, die Nationalismus als Resultat eines Modernisierungsprozesses deuten. Sie offenbart einmal mehr die Komplexität des Nationalismus, die unterschiedlichen und widersprüchlichen Gestalten, die er unter länder- und regionenspezifischen Bedingungen annehmen kann.

Fragt man nach den Ursachen des serbischen und kroatischen Nationalismus, helfen Theorien, die den Nationalismus als strukturelle Folge ökonomischer und politischer Modernisierung verstehen, nicht viel weiter. Solche Theorien besitzen für die Nationalismusgenese West- und Zentraleuropas größere Erklärungskraft als für das südöstliche Europa. Während die nationalistischen Ideologien sowohl in Kroatien als auch in Serbien bereits im ersten Drittel des 19. Jahrhunderts entstanden sind, kann eine merkliche ökonomische Modernisierung erst im letzten Drittel festgestellt werden. Eine größere Rolle spielte zweifellos die politische Modernisierung. Es ist jedoch unwahrscheinlich, dass die politischen Modernisierungsbemühungen des serbischen Fürstentums einerseits und der österreichisch-ungarischen Herrschaft andererseits allein dazu in der Lage waren, in dem historisch relativ kurzen Zeitraum einen autochthonen serbischen und kroatischen Nationalismus strukturell hervorzubringen.

Für die serbischen und kroatischen Regionen bietet sich vielmehr an, den Nationalismus als das Ergebnis eines Transfers der in West- und Zentraleuropa entstandenen Idee der Nation zu interpretieren. Im serbischen Fall drückte sich dieser Transfer als die Übernahme eines erfolgreichen Modells politischer Herrschaft aus, das Legitimation und Loyalität in der Bevölkerung garantierte.[163] In Kroatien fand die Nachahmung einer Ideologie statt, die als wirkungsvolle Methode erkannt wurde, um einen eigenen Solidarverband ge-

---

[163] Paschalis Kitromilides sieht in dem staatlichen Bemühen um die Nationalisierung der Bevölkerung ein typisches Merkmal der Nationalismen des südöstlichen Europas und den Hauptgrund für ihre Aggressivität und Explosivität, KITROMILIDES, Imagined Communities, S. 60.

gen fremde Herrschaftsansprüche zu mobilisieren.[164] Die Modernisierungsbemühungen im politischen und ökonomischen Bereich erhalten aus dieser Sicht die Bedeutung von fördernden Bedingungen, die den Verlauf des Nationalismus hin zu einem Massenphänomen beschleunigten, eine ursächliche Bedingung waren sie hingegen nicht. Eine fördernde Bedingung des Nationalismus stellte besonders die serbische Staatsbildung dar. Die schnelle Konsolidierung des Staates begünstigte die Kohärenz und das Wachstum der nationalen Bewegung enorm. In Kroatien hingegen waren die politischen Rahmenbedingungen für eine Entfaltung des Nationalismus ungünstig. Deswegen konnte das Konzept einer jugoslawischen Nation neben dem einer kroatischen bestehen und die Mobilisierungsphase so viel Zeit in Anspruch nehmen.

Aber nicht nur ein modernisierungstheoretischer Ansatz, der eine strukturbedingte Nationalismusgenese postuliert, ist für die Analyse des serbischen und kroatischen Nationalismus ungeeignet. Auch andere der einleitend vorgestellten Theorien lassen sich auf die konkreten Beispiele nur mit Einschränkungen anwenden. Dies gilt für die Typologie Theodor Schieders, die zwischen sezessionistischen, unifizierenden und integrierenden Nationalismen unterscheidet. Bei genauerem Hinsehen, und je nach Perspektive, weisen kroatischer und serbischer Nationalismus Elemente von allen drei Typen auf, so dass eine eindeutige Klassifizierung schwer fällt. Das gleiche Problem tritt auf, wenn man die Nationalismen nach emanzipatorisch-demokratischen und integral-aggressiven Phasen differenzieren will. Eine zeitliche Trennung dieser Phasen kann weder bei dem serbischen noch bei dem kroatischen Nationalismus beobachtet werden. Sinnvoller ist es, versteht man Aggression und Partizipation wie Dieter Langewiesche als zwei Seiten derselben „Medaille" Nationalismus. Möglicherweise bietet sich das spezifische Verhältnis zwischen Partizipation und Aggression als allgemeine analytische Kategorie, als „Leitdifferenz" an, mit deren Hilfe Unterschiede, Besonderheiten und Verän-

---

[164] In ähnlicher Weise interpretiert auch Holm Sundhaussen die Nationalismen im südöstlichen Europa: „*Mehr als alle politischen und wirtschaftlichen Kontakte zwischen den Balkanländern und den europäischen Großmächten (...) hat die Rezeption von Nation und Nationalstaat die Geschichte Südosteuropas von grundauf verändert (...).*" Holm SUNDHAUSSEN, Nation und Nationalstaat auf dem Balkan, Konzepte und Konsequenzen im 19. und 20. Jahrhundert, in: Jürgen ELVERT (Hrsg.), Der Balkan. Eine europäische Krisenregion, Stuttgart 1997, S. 77-90, hier S. 77.

derungen von Nationalismen theoretisch beschreib- und erfassbar werden können. Das Wechselverhältnis des Nationalismus mit anderen Modernisierungsphänomenen wie Demokratisierung, Bürokratisierung, Kommunikationsverdichtung etc. könnte auf diese Weise als eine Beziehung verstanden werden, die Partizipation ermöglicht oder von einem Partizipationsbegehren erst ermöglicht wurde. Umgekehrt können Aggressionspotentiale aufgebaut werden, wird der Partizipationsanspruch der Bevölkerung verweigert, eingeschränkt oder gefährdet, bzw. in dieser Weise von der Bevölkerung wahrgenommen. Dieses Wechselverhältnis zwischen den Modernisierungsphänomenen als Gradmesser für nationalistische Partizipation und Aggression wäre in jedem einzelnen Fall genauer zu bestimmen. Hierfür bietet sich das Challenge-and-Response-Modell politischer Modernisierung an, das einen Rahmen zur Verfügung stellt, in dem die Modernisierungsphänomene sinnvoll miteinander in Bezug gesetzt werden können.

Hinsichtlich der Unterteilung in einen politisch-subjektiven und einen kulturell-objektiven Nationsbegriffs konnte im serbischen wie im kroatischen Fall eine klare Zuordnung des subjektiven Typs vorgenommen werden. Objektive Integrationsmerkmale, wie sie z. B. den frühen französischen oder amerikanischen Nationalismus prägten, haben keine Rolle gespielt. Wie schon im Theoriekapitel angesprochen, ist die starre Zuordnung eines Nationalismus zum einen oder anderen Typ generell problematisch. Es liegt die Vermutung nahe, dass die Vorherrschaft eines subjektiven Nationsbegriffs eine spezifische Eigenschaft von Nationalismen gewesen ist, die eine enge Symbiose mit politisch revolutionären Bewegungen eingehen konnten. Das Fehlen bzw. die Schwäche solcher Bewegungen erklärt dann auch die Abwesenheit eines politisch-subjektiven Nationsverständnisses.

Die Untersuchung der Rolle der Religion hat gezeigt, dass eine Betrachtungsweise, die in der Nation einen Letztwert sieht, dem alle anderen Werte unterzuordnen sind, nicht zu verallgemeinern ist. Vielmehr, und darauf weist gerade die religiöse Aufladung des serbischen Nationalismus hin, speist sich die Wertigkeit der Nation aus der Fähigkeit des Nationalismus mit bestehenden Identitäten und Loyalitäten zu amalgamieren und von deren Symbol- und Zeichenrepertoire zu profitieren. Einen Religionsersatz stellte die Nation weder in Serbien noch in Kroatien dar. Im Gegenteil: die Bedeutung der Religion für die nationale Identität nahm in dem Maße zu, in dem auch die Nationsbildung voranschritt. Für ein umfassendes Verständnis des kroatischen und serbischen Nationalismus ist die Einbeziehung der religiösen Identität unverzichtbar.

Das Verlaufsmodell von Miroslav Hroch lässt sich auf den serbischen und kroatischen Nationalismus gut anwenden. Die Entwicklung von einem Intellektuellen- hin zu einem Massennationalismus kann in beiden Fällen nachvollzogen werden. Die eigentlich interessante Mobilisierungsphase verlief dabei jedoch sehr unterschiedlich. Während sie sich in Serbien linear und störungsfrei darstellt, war die Mobilisierungsphase des kroatischen Nationalismus viel weniger dynamisch und stärker von Brüchen gekennzeichnet.

Wie genau aber verliefen die Mobilisierungsphasen? Wer oder was mobilisierte wen? Mit welchen Mitteln wurde das neue Bild der Nation in den Köpfen verankert? Fragen dieser Art konnten hier nur in Ansätzen geklärt werden. Für eine tiefergehende Analyse ist eine noch zu leistende, auf empirische Forschungen gestützte Kulturgeschichte des serbischen und kroatischen Nationalismus erforderlich. Im Zusammenhang mit dem oben diskutierten Ideen- und Kulturtransfer als Entstehungsbedingung der nationalistischen Ideologie stehen ebenfalls noch Forschungen aus. So ist es erforderlich die Einflüsse auf die Nationalismusgenese als Transferwege, als Transfermaterialien und Transfergruppen zu begreifen und näher zu beschreiben, ebenso wie die kroatische und serbische Rezeptionsarbeit, die eine eigene nationalistische Ideologie erst erschafften konnte.

6 Literaturverzeichnis

ADANIR, Fikret: *Die Makedonische Frage. Ihre Entstehung und Entwicklung bis 1908.* Wiesbaden 1979.

ALTER, Peter: *Nationalismus.* Frankfurt am Main 1985.

ANDERSON, Benedict: *Die Erfindung der Nation. Zur Karriere eines folgenreichen Konzepts.* Berlin 1998.

ASSMANN, Aleida; FRIESE, Heidrun (Hrsg.): *Identitäten. Erinnerung, Geschichte, Identität.* Frankfurt am Main 1998.

BABUNA, Aydin: *Die nationale Entwicklung der bosnischen Muslime. Mit besonderer Berücksichtigung der österreichisch-ungarischen Periode.* Frankfurt am Main 1996.

BAGARIC, Oliver: *Der kroatisch-ungarische Ausgleich aus dem Jahre 1868.* Universität Leipzig, Hausarbeit 2001, http://www.hausarbeiten.de/rd/faecher/hausarbeit/ged/14195.html (15. August 2003).

BANAC, Ivo: *The National Question in Yugoslavia. Origins, History, Politics.* New York, London 1984.

BEHSCHNITT, Wolf Dietrich: *Nationalismus bei Serben und Kroaten 1830 - 1914. Analyse und Typologie der nationalen Ideologie.* Köln 1976.

BEREND, Ivan; RANKI, György: *The European Periphery and Industrialization 1780-1914.* Budapest 1982.

BOECKH, Katrin: *Serbien.* Aus: Roth, Harald (Hrsg.): *Studienhandbuch Östliches Europa. Band 1: Geschichte Ostmittel- und Südosteuropas.* Köln, Weimar, Wien 1999. S. 360-369.

BREUER, Stefan: *Bürokratie und Charisma. Zur politischen Soziologie Max Webers.* Darmstadt 1994.

CALIC, Marie-Janine: *Die Logik des Zerfalls: Staatliche und nationale Umgestaltung im postjugoslawischen Raum.* Aus: Zunker, Albrecht (Hrsg.): *Weltordnung oder Chaos? Beiträge zur internationalen Politik.* Baden-Baden 1993. S. 193-207.

CALIC, Marie-Janine: *Probleme nachholender Entwicklung in Serbien (1830-1941).* In: *Archiv für Sozialgeschichte,* 34 (1994), H. 34, S. 63-83.

CALIC, Marie-Janine: *Sozialgeschichte Serbiens 1815-1941.* München 1994.

CONRAD, Christoph; KESSEL, Martina (Hrsg.): *Kultur & Geschichte. Neue Einblicke in eine alte Beziehung.* Stuttgart 1998.

DEUTSCH, Karl Wolfgang: *Nationalism and Social Communication.* Cambridge 1966.

DEUTSCH, Karl Wolfgang: *Der Nationalismus und seine Alternativen.* München 1972.

Die Narodna Odbrana. In: *Die Kriegsschuldfrage,* 5 (1927), S. 192-225.

ELIAS, Norbert: *Studien über die Deutschen.* Frankfurt am Main 1990.

ELVERT, Jürgen (Hrsg.): *Der Balkan. Eine europäische Krisenregion in Geschichte und Gegenwart.* Stuttgart 1997.

ELWERT, Georg: *Fassaden, Gerüchte, Gewalt. Über Nationalismus.* In: *Merkur. Deutsche Zeitschrift für europäisches Denken,* 45 (1991), S. 318-322.

GELLNER, Ernest: *Nationalismus und Moderne.* Berlin 1991.

GEULEN, Christian: *Die Metamorphose der Identität. Zur "Langlebigkeit" des Nationalismus.* Aus: Assmann, Aleida; Friese, Heidrun (Hrsg.): *Identitäten. Erinnerung, Geschichte, Identität.* Frankfurt am Main 1998. S. 346-373.

GRANDITS, Hannes: *Familie und sozialer Wandel im ländlichen Kroatien.* Wien 2002.

GROSS, Mirjana: *Die nationale Idee der kroatischen Rechtspartei und ihr Zusammenbruch (1861-1895).* In: *Österreichische Osthefte. Mitteilungsorgan des Österreichischen Ost- und Südosteuropa-Instituts,* 6 (1964), S. 373-388.

GROSS, Mirjana: *Die "Welle". Die Ideen der nationalistischen Jugend in Kroatien vor dem I. Weltkrieg.* In: *Österreichische Osthefte. Mitteilungsorgan des Österreichischen Ost- und Südosteuropa-Instituts,* 10 (1968), S. 65-86.

GROSS, Mirjana: *Einfluss der sozialen Struktur auf den Charakter der Nationalbewegung in den kroatischen Ländern im 19. Jahrhundert.* Aus: Schieder, Theodor (Hrsg.): *Sozialstruktur und Organisation europäischer Nationalbewegungen.* München 1971. S. 67-96.

GROSS, Mirjana: *Die Anfänge des modernen Kroatien. Gesellschaft, Politik und Kultur in Zivil-Kroatien und -Slawonien in den ersten dreißig Jahren nach 1848.* Wien, Köln, Weimar 1993.

GULDESCU, Stanko: *History of Medieval Croatia.* The Hague 1964.

HARDTWIG, Wolfgang; WEHLER, Hans-Ulrich (Hrsg.): *Kulturgeschichte Heute.* Göttingen 1996.

HASELSTEINER, Horst: *Die Serben und der Ausgleich. Zur politischen und staatsrechtlichen Stellung der Serben Südungarns in den Jahren 1860-1867.* Wien, Köln, Graz 1976.

HAUPT, Heinz-Gerhard; LANGEWIESCHE, Dieter (Hrsg.): *Nation und Religion in der deutschen Geschichte.* Frankfurt am Main 2001.

HAUPT, Heinz-Gerhard, TACKE, Charlotte: *Die Kultur des Nationalen. Sozial- und kulturgeschichtliche Ansätze bei der Erforschung des europäischen Nationalismus im 19. und 20. Jahrhundert.* Aus: Hardtwig, Wolfgang; Wehler, Hans-Ulrich (Hrsg.): *Kulturgeschichte Heute.* Göttingen 1996. S. 255-283.

HAYES, Carlton: *Essays on Nationalism.* New York 1926.

HOBSBAWM, Eric J.: *Nationen und Nationalismus. Mythos und Realität seit 1780.* Frankfurt am Main 1991.

HOBSBAWM, Eric J.: *Das Erfinden von Traditionen.* Aus: Conrad, Christoph; Kessel, Martina (Hrsg.): *Kultur & Geschichte. Neue Einblicke in eine alte Beziehung.* Stuttgart 1998. S. 97-118.

HORY, Ladislaus; BROSZAT, Martin: *Der kroatische Ustascha-Staat 1941-1945.* Stuttgart 1964.

HROCH, Miroslav: *Die Vorkämpfer der nationalen Bewegung bei den kleinen Völkern Europas.* Prag 1968.

HROCH, Miroslav: *Nationales Bewusstsein zwischen Nationalismustheorie und der Realität der nationalen Bewegungen.* Aus: Schmidt-Hartman, Eva (Hrsg.): *Formen des nationalen Bewusstseins im Lichte zeitgenössischer Nationalismustheorien. Vorträge der Tagung des Collegium Carolinum in Bad Wiessee vom 31. Oktober bis 3. November 1991.* München 1994. S. 39-52.

JEISMANN, Michael; RITTER, Henning (Hrsg.): *Grenzfälle. Über neuen und alten Nationalismus.* Leipzig 1993.

JELAVICH, Barbara; JELAVICH, Charles: *The Establishment of the Balkan National States, 1804-1920.* Seattle, London 1977.

JIRECEK, Constantin: *Geschichte der Serben.* 2 Bde. Gotha 1911, 1918.

KASER, Karl: *Südosteuropäische Geschichte und Geschichtswissenschaft.* Wien, Köln, Weimar 2002.

KITROMILIDES, Paschalis: *Imagined Communities and the Origins of the national Question in the Balkans.* In: *European History Quarterly,* 19 (1989), S. 149-194.

KOHN, Hans: *Die Idee des Nationalismus.* Frankfurt am Main 1962.

LANGEWIESCHE, Dieter: *Nationalismus im 19. und 20. Jahrhundert: Zwischen Partizipation und Aggression.* Bonn 1994.

LANGEWIESCHE, Dieter: *Nation, Nationalismus, Nationalstaat in Deutschland und Europa.* München 2000.

MANER, Hans-Christian: *Kroatien mit Slawonien, Dalmatien und Istrien.* Aus: Roth, Harald (Hrsg.): *Studienhandbuch Östliches Europa. Band 1: Geschichte Ostmittel- und Südosteuropas.* Köln, Weimar, Wien 1999. S. 230-239.

MIEDLIG, Hans-Michael: *Patriarchalische Mentalität als Hindernis für die staatliche und gesellschaftliche Modernisierung in Serbien im 19. Jahrhundert.* In: *Südostforschungen,* 50 (1991), S. 163-190.

MOMMSEN, Hans: *Arbeiterbewegung und nationale Frage. Ausgewählte Aufsätze.* Göttingen 1979.

NIPPERDEY, Thomas: *Deutsche Geschichte 1800-1866. Bürgerwelt und starker Staat.* München 1983.

O´BRIEN, Conor Cruise: *God Land: Reflections on Religion and Nationalism.* Harvard 1988.

PARIS, Edmond: *Genocide in Sattelite Croatia 1941-1945.* Chikago 1962.

PLAGGENBORG, Stefan: *Die Entstehung des Nationalismus im kommunistischen Jugoslawien.* In: *Südostforschungen,* 56 (1997), S. 399-421.

ROGIC, Marijan: *Die Idee des kroatischen Staates bei Ante Pavelic.* München 1983.

ROTH, Harald (Hrsg.): *Studienhandbuch Östliches Europa. Band 1: Geschichte Ostmittel- und Südosteuropas.* Köln, Weimar, Wien 1999.

ROTHENBURG, Gunther E.: *Die österreichische Militärgrenze in Kroatien 1522-1881.* Wien 1970.

ROUDOMETOF, Victor: *Invented Traditions, Symbolic Boundaries and National Identity in Southeastern Europe: Greece and Serbia in Comparative Historical Perspective (1830-1880).* In: *East European Quarterly,* 32 (1999), S. 429-468.

SCHIEDER, Theodor (Hrsg.): *Sozialstruktur und Organisation europäischer Nationalbewegungen.* München 1971.

SCHIEDER, Theodor: *Nationalismus und Nationalstaat. Studien zum nationalen Problem im modernen Europa.* Göttingen 1992.

SCHMIDT-HARTMAN, Eva (Hrsg.): *Formen des nationalen Bewußtseins im Lichte zeitgenössischer Nationalismustheorien. Vorträge der Tagung des Collegium Carolinum in Bad Wiessee vom 31. Oktober bis 3. November 1991.* München 1994.

SIEMANN, Wolfram: *Die deutsche Revolution von 1848/49.* Frankfurt am Main 1985.

SUNDHAUSSEN, Holm: *Der Einfluss der Herderschen Ideen auf die Nationsbildung bei den Völkern der Habsburger Monarchie.* München 1973.

SUNDHAUSSEN, Holm: *Historische Statistik Serbiens 1834-1914. Mit europäischen Vergleichsdaten.* München 1989.

SUNDHAUSSEN, Holm: *Experiment Jugoslawien: von der Staatsgründung bis zum Staatszerfall.* Mannheim (Meyer) 1993.

SUNDHAUSSEN, Holm: *Ethnonationalismus in Aktion: Bemerkungen zum Ende Jugoslawiens.* In: *Geschichte und Gesellschaft,* 20 (1994), S. 402-423.

SUNDHAUSSEN, Holm: *Nation und Nationalstaat auf dem Balkan. Konzepte und Konsequenzen im 19. und 20. Jahrhundert.* Aus: Elvert, Jürgen (Hrsg.): *Der Balkan. Eine europäische Krisenregion in Geschichte und Gegenwart.* Stuttgart 1997. S. 77-90.

SUPPAN, Arnold: *Die Kroaten.* Aus: Wandruszka, Adam (Hrsg.): *Die Habsburgermonarchie 1848-1918.* Wien 1980. S. 626-733.

TODOROVA, Maria: *Die Erfindung des Balkan. Europas bequemes Vorurteil.* Darmstadt 1999.

TURK SANTIAGO, Edita: *Probleme der Herrschaftsbildung im mittelalterlichen Serbien. Bis zum ausgehenden 12. Jahrhundert.* Frankfurt am Main 1984.

VOELKL, Katrin: *Makedonien/Mazedonien.* Aus: Weithmann, Michael (Hrsg.): *Der ruhelose Balkan. Die Konfliktregionen Südosteuropas.* München 1993. S. 218-252.

WANDRUSZKA, Adam (Hrsg.): *Die Habsburgermonarchie 1848-1918.* Wien 1980.

WEBER, Max: *Wirtschaft und Gesellschaft.* Tübingen 1976.

WEHLER, Hans-Ulrich: *Modernisierungstheorie und Geschichte.* Göttingen 1975.

WEHLER, Hans-Ulrich: *Umbruch und Kontinuität. Essays zum 20. Jahrhundert.* München 2000.

WEHLER, Hans-Ulrich: *Nationalismus. Geschichte, Formen, Folgen.* München 2001.

WEITHMANN, Michael (Hrsg.): *Der ruhelose Balkan. Die Konfliktregionen Südosteuropas.* München 1993.

WEITHMANN, Michael: *Der Balkan zwischen Ost und West.* Aus: Weithmann, Michael (Hrsg.): *Der ruhelose Balkan. Die Konfliktregionen Südosteuropas.* München 1993. S. 7-43.

WERNER, Michael; ESPAGNE, Michel: *Deutsch-Französischer Kulturtransfer im 18. und 19. Jahrhundert: Zu einem neuen interdisziplinären Forschungsprogramm des CNRS.* In: *Francia,* 13. Jg. (1985), S. 502-510.

WINKLER, Heinrich A. (Hrsg.): *Nationalismus.* Königstein 1985.

ZUNKER, Albrecht (Hrsg.): *Weltordnung oder Chaos? Beiträge zur internationalen Politik.* Baden-Baden 1993.

ibidem-Verlag
Melchiorstr. 15
D-70439 Stuttgart

info@ibidem-verlag.de

www.ibidem-verlag.de
www.edition-noema.de
www.autorenbetreuung.de